不懂财报，也能轻松选出
赚钱绩优股

- 选好股超容易，看穿公司的五大能力就能稳稳赚！
- 财报界名师林明樟带你找出真正值得长期投资的绩优股！

林明樟◎著

SPM 南方传媒 | 广东经济出版社
·广州·

图书在版编目（CIP）数据

不懂财报，也能轻松选出赚钱绩优股 / 林明樟著. —广州：广东经济出版社，2023.7

ISBN 978-7-5454-8613-1

Ⅰ.①不… Ⅱ.①林… Ⅲ.①股票投资—基本知识 Ⅳ.① F830.91

中国版本图书馆 CIP 数据核字 (2022) 第 240758 号

版权登记号：2022-10-28

责任编辑：陈念庄　李雨昕
责任技编：陆俊帆

不懂财报，也能轻松选出赚钱绩优股
BUDONG CAIBAO YENENG QINGSONG XUANCHU ZHUANQIAN JIYOUGU

出版发行：广东经济出版社（广州市环市东路水荫路 11 号 11 ～ 12 楼）
印　　刷：恒美印务（广州）有限公司
（广州市南沙区环市大道南路334号）

开　　本：730 毫米 ×1020 毫米　1/16　　**印　　张**：12.75
版　　次：2023 年 7 月第 1 版　　**印　　次**：2023 年 7 月第 1 次
书　　号：ISBN 978-7-5454-8613-1　　**字　　数**：196 千字
定　　价：55.00 元

发行电话：（020）87393830　　编辑邮箱：Joycechen17@126.com
广东经济出版社常年法律顾问：胡志海律师　　法务电话：（020）37603025
如发现印装质量问题，请与本社联系，本社负责调换。

谨以这本书献给我最敬爱的家人，

我的父母：侯金枝女士与林荣贵先生

我的岳父母：彭宝桂女士与林金波先生

我最亲爱的家人：太太 Singing 与儿女 Willie、Sonia

【推荐序】

内外兼修，达成人生财务自由

“财务报表虽然都是中文，但却还是看不懂，怎么办？”

“报表上的数字密密麻麻，不知道从哪边读起？”

“不是看利润表，知道赚钱或亏钱就够了吗？干吗还要看其他表呢？”

相信正在看本书的您，对于财务报表可能也有类似的困惑。您明明知道财务报表很重要，它是一家公司经营的成绩单，不论是公司内部人、外部投资者、“菜篮族”或是债权人，都应该好好阅读财务报表，但因为上述困惑无法解决，您最后还是半途而废，将财务报表束之高阁。

不瞒您说，会计系毕业的我，也曾跟您一样。我过去所受的训练，主要是让我学会如何记账、如何编制财务报表，以及如何计算出各种财务比率。但知道怎样编、怎样算，跟有能力解读财务报表与财务比率能画上等号吗？我个人认为不能。这就好像我会计算一堆经济数据，但我能因此对未来的经济做出正确预判吗？相信在您的心中，已经有了答案。

在《不懂财报，也能轻松选出赚钱绩优股》这本书中，明樟老师（MJ）跳脱坊间一般书籍的传统做法（通过教导大家“借贷法则”等记账原理，让大家学会记账之后，自然而然就能学会解读财报），融合其多年来的多元工作历练与创业经验，用口语化、生活化的表达方式来帮大家“中翻中”，把财报上明明是中文但大家却看不懂的东西，用大家都能理解的生活常识解释给大家。

举例来说，什么是“毛利率”？中翻中就叫作“这是不是一门好生意？”毛利率高，代表这真是一门好生意；毛利率低，代表这是一门艰难的生意；如果毛利率是负的，那就代表真是一门烂生意。另外，我们常听到的“周转率”又是什么概念呢？其实“周转率”可以用大家耳熟能详的“翻台率”来理解，一家餐厅的翻台率越高，就代表老板越会做生意。同理，如果一家公司的周转率越高，就代表这家公司的老板越会做生意，也就是经营能力较好的意思。

此外，许多人在学完财务报表与财务比率后，往往在实际运用时，会发生阅读时瞻前顾后（每个数字都看），最后却顾此失彼（不知道数字的阅读顺序与重要程度）的情况。于是乎，学了那么多，需要的时候还是派不上用场。

MJ 在本书中，将他经过 20 多年的股市实战经验所淬炼出来的财务报表阅读顺序完完整整地分享给大家，并通过实际案例，将阅读顺序化为具体可遵循的 SOP（Standard Operating Procedure，标准作业程序），带着大家一步一步演练。只要您看得懂中文，又会加减乘除，就保证学得会。我只能说，大家真的有福了，您阅读财报的功力绝对可以大增。

正确的理财观念是理财成功的催化剂，就如同武侠小说里的一流剑客，除了要有高超的剑术，更要有深厚的内力辅助，才能成为高手高手高高手。拥有多次创业成功与失败经验的 MJ，在本书中也将他职业生涯上上下下好几回所体悟出来的理财观念，不藏私地与大家分享，希望大家能够内外兼修，提早达成人生财务自由的目标。

如果您跟我一样，曾经有过本文开头提到的几个疑惑，我诚心推荐这本《不懂财报，也能轻松选出赚钱绩优股》，绝对值得一读，真心不骗您！

嘉威联合会计师事务所执业会计师　蔡佳峻

【推荐序】

用数字力，筑起你人生城堡的护城河

我工作日在中部诊所担任医师，周末北上担任讲师。人称樟哥的林明樟老师是我在讲师界的前辈，他毫无架子，与我亦师亦友，无论我在教学方法上还是教具设计上有任何问题，他都知无不言。

樟哥的超级数字力跟顶级 TTT 教具课程都是经典课程中的经典。

我参与樟哥的几堂数字力课程都相隔数月，樟哥资深至此，仍不断优化自己的拿手课程，历届学员的课后建议，他自有一套倾听、吸纳、优化三部曲，他的电力永远饱满，但也永远在充电，充电的形式可能是持续阅读、与同行切磋，也可能是登山游泳，樟哥永远把自己的身心维持在游刃有余的状态。

对医师而言，不看病几乎毫无收入。多年前某杂志曾报道一位主治医师因为手受伤而停诊，由于他服务的医院采取零底薪制，月底竟然只领了 400 块新台币。我们必须在自己老去或意外失能前就做好资产配置，最好能拥有一份被动收入以外的财产养活自己，譬如持有好公司的股票，每年就有现金股息汇到你户头。什么叫好公司呢？樟哥告诉我们，其中一项就是该公司具备“长期稳定获利能力”。

我们就连看一部电影都会查影评，舍不得浪费两三百块，但买股票时往往没看懂公司财报，就跟风乱买，然后落得股票变壁纸，跟着指天骂地，其实于事无补。

看樟哥的书，学着看懂财报，不要把辛苦赚来的钱投给经营状况不良的公司。

看懂樟哥的书，你会知道，当投资标的悄悄亮起黄灯时，就该适时抛售，以保住老本。

熟读本书，“换”颗脑袋，及早用数字力，筑起你人生城堡的护城河。

部落客医师暨 TED × Taipei 讲者　杨斯棓

【推荐序】

务实投资，不当赌神

第一次上完林明樟老师的财务报表课程，老师曾说我们会增加五年功力。但我觉得自己虚度了过去的10年，没学到真正的财报解读。

原来我以为的财报，不是真正的财报。利润表的利润，不代表真正赚钱；资产与负债的关系，也变得有意义。林明樟老师真的让每一个指标、每一个科目开始有了生命力，财报开始跟你说故事，跟你讲这家公司的真实状况。

原本我像是一个不懂美食的食客，只知其形，不知其妙；只知其味，不知其深。但林明樟老师让我们发现，原来财报一直在我们身边，而且跟我们说，原来我们本来就懂它。

除了利润表与资产负债表，公司的现金流量就如同人体的血液，输送着各式各样的养分到全身各处。林明樟老师让我开始发现，它不仅仅是一张财务报表，而是让公司可以健康活下去的关键报告，也让公司开始审视自身的健康状况，以动态的方式来使用各式报表。原本很辛苦的资金调度，其实只需要调整存货、收付款条件，提高翻台率等，现金变成新陈代谢良好的血液，持续带来各种养分，让公司活得更健康。

把同样的解读放到投资理财中，我们要从各公司的实时运营的报表中，找到活得最健康的公司，做出真正的投资，而非听从小道消息做赌博。如同我们常听到的："投资一定有赚有赔，申购前要详阅公开说明书。"财报就是一家公司的公开说明书。健康检查报告已经说癌症末期，难道还要听铁口直断的分析师，说脸色（线型）看起来还不错，可以进场了？

通过分析现金与流动现金比率、现金流量、经营能力等指标，人人都可快速评断一家公司的健康程度，动态实时发现投资标的的状况，不会让自己跳入陷阱，也不会继续持有不健康标的。本书带给大家的观点，绝非难以理解的指数。林明樟老师独创的“中翻中”技巧，让每个人都发现原来自己就是公司健康的分析师。

只要有心，人人都可以是食神，但不会人人都是赌神。读这本书，让投资真的是一笔好投资，而不是赌身家。

安口食品机械总经理　欧阳志成

【推荐序】

浓缩精华，激发投资力

说实在的，我觉得自己念完中文系、当了国文老师之后，应该再也不需要看财务报表了。但好多朋友知道我热衷教学，纷纷推荐我一定要到 MJ（林明樟）老师的课堂上课，不然肯定会抱憾终生。尤其是财务报表晦涩难懂，还能教得大家都懂，这让身为老师的我十分神往，想要一探究竟。我很想跟 MJ 老师学习如何规划课程、如何上课、如何制作教具帮助学员进入状态。凡与课堂有关的，我都想学。

我就这么开始了我成年后的第一堂财会课。一开始上课看到利润表、资产负债表和现金流量表三大报表，我顿时觉得整间教室空气不好，搞得我头昏脑胀。不过，这也还好，反正我志不在学财务报表，况且老师从头到尾也一再重复地说："早上听不懂没关系，下午就懂了。"

我在心里嘀咕："别人可能下午就懂了，但我很难学会吧。"

整个上午我确实很认真，也确实不太能进入状态。也不知怎么着，当老师开始用"这是不是一门好生意""有没有赚钱的真本事"的口诀帮助记忆，又不停透过简报复习已知的观念，把生硬的财会名词以生活化的实例诠释时，我终于明白这就是老师所谓的"中翻中"。

茅塞顿开之后，我觉得不可思议，若没有多年的历练，应该无法拥有这般功力，尤其是让像我这样的门外汉也能听懂。这也让我体悟到课堂的"中翻中"何其重要，关键不是要标榜老师多有学问，而是学生能学到多少。

“如果你是财务总监，你会投资哪一家？”

最后通过老师对实际案例的分析，我真的看得懂财报了。一如老师早上所言：“早上听不懂没关系，下午就懂了。”课堂结束时，我们这一组得到了冠军队的旗帜，一点也没有违和感。我只能说，MJ 老师果真是财务名师，课后附送的“独孤九剑”精致复习卡，更让我觉得老师就在我身边，可以随时复习呢。

所以，如果您没有机会亲自参加 MJ 老师的课程，建议您千万不要错过这本浓缩了课程精华的好书——《不懂财报，也能轻松选出赚钱绩优股》。诚挚推荐给您。

万芳高中老师暨 TED × Taipei 讲者　余怀瑾

目　录

CONTENTS

Chapter

1

财务报表的缘由与三大立体观念

恭喜您打开了这本书，这是一本教您如何在个人理财投资时阅读财务报表的工具书。

个人投资理财有很多工具可供选择，包含定存、债券、股票、期货、期权、外币、实物期货……其中，成功率最高的当数股票，因为我身边已经有很多朋友通过长期、理性的股票投资，提早达成人生财务自由的目标。

巴菲特在接受访问时，曾被问道：“您对股票的前景这么悲观，为什么还持有这么多股票？”

巴菲特的回应是：“一部分是习惯使然，另一部分是因为股票代表事业，而拥有事业比拥有黄金或农地有意思多了。此外，在高通胀时代，所有投资选项中，股票可能还是最理想的——只要买进时的价格够低，这一点就能成立。”

本书将教您如何通过财务报表选出值得投资的好公司，运用财务报表就能够判断出一家公司的好坏。台湾的投资大众已经具备相当深厚的理财知识，却没有阅读财务报表的习惯，这就好像入宝山空手而回，非常可惜。

我个人也常常在上市上柜公司讲授“财务报表阅读技巧”的内训课程，并在结尾时与学员分享一个重要观念：当我们想买一台两万多新台币的 iPhone 时，会花好几个小时在网络上比价；但在个人投资理财时，买股票随便一出手就是二三十万，却不愿意花十分钟阅读一下财务报表，实在可惜。

财务报表虽然不是万能的，但是它能够帮助您迅速判断一家公司的好坏与体质状况，让您在个人投资理财的时候，少走一些弯路，少花一点冤枉的学习费用。

投资股票就像是买水果

我们可以把投资股票想象成到菜市场买水果。技术分析学派的朋友们喜欢看到水果摊的技术线图（如图 1-1 所示），然后告诉您 A 点是起涨点、B 点是转折点、

C 点是高点、D 点是卖点，等等。

但技术线图没有告诉您的是这四个点的水果都不甜，有些已经放了很久，不新鲜，有些水果的内部已经开始腐烂了。

为了避免买到烂水果（也就是烂公司），阅读财务报表是一个协助您判断的好方法。阅读财务报表就像是近身观察水果。为了买到质量好的水果，我们可能需要把水果拿起来，闻一闻、看一下色泽、感觉一下水果的重量，等等。

图 1-1　水果摊的技术线图，无法判断水果本质好坏

通过这些简单的方式，家庭主妇通常能为家人买到好吃又新鲜的水果。虽然她们不是专业的营养师，不能马上分析出某种水果到底有哪些营养成分（维生素C、维生素 A、果酸、叶黄素……），但是只要通过简单的选择方式，就能让家人享用甜美营养的饭后水果。

阅读财报就像是家庭主妇在水果摊选水果，没有什么神秘的技巧，只要您看得懂中文、会简单的加减乘除，就能轻松地看懂财务报表。财报的神秘感来自财经界的朋友，他们总是把财报说得太专业、太复杂，如此才能维持他们的专业地位。

这是一本实用的财务报表工具书，希望能帮助您快速判断一家上市公司的好坏。巴菲特有一句名言：

投资人需要避免追买热门股、烂公司，也不要预测股市高低点。

懂得阅读财务报表，就能让您远离“烂公司”，避免您辛苦存下来的钱血本无归。希望这本书可以让您享受阅读财务报表的乐趣。

六大基本理财观念

这本书主要是与大家分享如何通过阅读财务报表，进行正确的投资理财规划。但在阅读财务报表之前，我想与大家分享一些基本但是很重要的理财观念。

1. 投资理财前应该先做的两件事：存钱与买一些基本的保险

尤其是想投资理财的年轻朋友更该这么做，因为在我们人生的不同阶段，通常还没有足够的资金与技巧。这时您的当务之急应该是：

A. 适当地节省开支，存下您的理财第一桶金。

B. 购买一些基本的保险，借力使力，确保未来身体发生状况时，您还有一定的理赔金额，可以帮您渡过生活上的难关。

2. 不要投资任何没有生产力的资产

外汇、期货、期权、实物期货（金、银、铜、铁与石油等）都属于此类，因为这些产品都提供您以高杠杆的方式来投资。说穿了，投资这些产品就好像去澳门赌场赌博。理财不是赌博，这一点请您务必想清楚。

3. 尽量不要买任何投资型的保单

假设您想买一辆车，因为您想带家人上山下海环岛体验生活，所以您希望这辆车能有四轮驱动；考虑到治安问题，车子最好也能防弹防爆。如果遇到车祸时，车子还能像蝙蝠侠的座驾，即使车辆被撞得扭曲变形，只要按个按钮，车子便会自动打开，让您快速逃离现场，那就更完美了。

可是，这样一辆梦幻级车，可能要价超过 1000 万新台币，已经不是一般人能负担得起的。

同样的道理，保险就是保险，叫作以小博大、借力使力，在有限的资源情况下，最大限度地帮我们管控人生的风险。现在您的期待是：

保险＋投资功能＋分红功能＝投资型保单

这个期待是不是很像：

一辆基本的休旅车＋四轮驱动＋防爆防弹的功能

＝一辆很贵、很贵的车

4. 投资的钱绝对不能与生活所需的基本开销混在一起

全世界最聪明的人之一——美国联准会（美联储）前主席格林斯潘非常清楚这一点。他曾说：“最好是您未来三年到五年不会用到的钱，才投资到股市。”

因为经济有波动，股价有高低，如果您将生活费也投入股市，一旦面临股价波动，常常会陷入追高杀低的失败循环。

5. 配合您的人生阶段，随着年龄增长，您所能接受的风险应该越来越低

换句话说，年纪越大，您越该少碰赌博性质高的理财产品，例如实物期货、外汇、黄金、白银、期货、期权……

还记得2008年让全世界损失超过5兆美元的连动债事件吗？

还记得2016年让台湾中小企业亏损超过3700家、2000亿新台币的TRF（目标可赎回远期契约）事件吗？

购买这些商品的过程中，投资者一定有尝到甜头，才会越陷越深，投入金额越来越大，最后酿成一场大悲剧。

请永远记住：任何金融商品只要提供您高度杠杆的操作便利性，本质上就像赌博。就像1987年的我，因为年少无知，过度使用杠杆，误入歧途向地下钱庄借了一笔巨额负债，为了躲债，最后只能休学逃避现实。

金融市场的金童玉女，每隔几年就会弄出大事情。故事的情节或许不同，但人性的本质都是相同的——贪婪。所以，金融世界的历史会不断地重演再重演，也创造多次让我们致富再致富的机会。

6. 善用时间的力量

爱因斯坦曾说，复利是世界第八大奇迹。

复利的威力有多大？如果拿一张厚度0.5厘米的纸，当我们把纸对折之后，对折一次的纸张厚度是1厘米，对折两次的厚度是2厘米，对折三次的厚度是4厘米。

那么，如果能对折100次，这张纸的厚度是100米？300米？答案是比太阳还远、还厚。

- 对折20次＝104米
- 对折30次＝107千米
- 对折39次＝绕地球一周
- 对折42次＝上了月球
- 对折51次＝到了太阳
- 对折82次＝刚好穿过银河系
- 对折100次＝134亿光年

这就是复利的时间威力。只要慎重选好公司，然后进行长期的投资，人生理财就能梦想成真。

正确的选股逻辑

有了这些正确的理财观念之后，接下来就是选股的逻辑了。其中最重要的一步就是如何判断一家公司的好坏。在这个最重要的步骤中，财务报表就是一个综合判断的最佳工具。

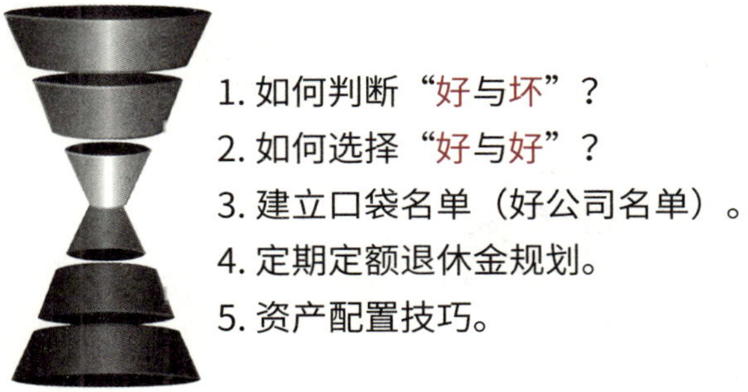

图 1-2　选股的逻辑

通俗地说，财务报表就是一家公司的营运成绩单。其中对于股市投资最重要的三张报表分别是：

1. 利润表：告诉您这家公司是赚钱还是亏钱的报表。

2. 资产负债表：告诉您这家公司在做这门生意时，拥有哪些资产、哪些负债，以及股东出资了多少钱等信息。

3. 现金流量表：让您了解一家公司是否有能力把获利（公司卖出去的商品，不一定都能成功收到货款，有时会遇到客户经营不善倒闭或是恶意积欠货款等情况）转换成现金流回公司，提供公司持续成长所需的动能。

以上就是最基本的财务报表，而且要如图 1-3 所示摆在一起看，才能看出一家公司整体的面貌（营运成绩单）。尤其是上市上柜公司的财务报表，都必须符合一般公认会计原则以及证券监督管理委员会的相关法规规定，再加上有合格会计师的查核签证，所以上市上柜公司的财务报表的可信度相当高。

虽然财务报表不是万能的，但只要仔细研读，就能看出一家公司的大致经营面貌。

曾有财经记者在访问巴菲特时问道：“请问股神，您如何做投资判断？”

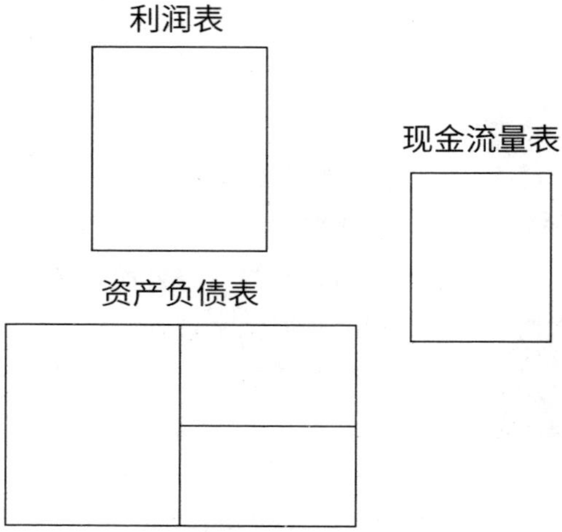

图 1-3　三张财务报表必须摆在一起看

巴菲特回答说：“我们读资料（财务报表等资料），就这样。”

不过，巴菲特阅读财务报表的习惯与大家不同，他喜欢一次性看一家公司五年以上的财务报表。因为财务报表不是完美的文件，但当我们把时间拉长，以五年的长期资料来阅读，这个时候公司的营运成绩单（财务报表）就“真的假不了，假的真不了”。

所以当您阅读一家公司的财务报表时，请一次性看它最近五年的资料。另外，通过长达五年的观察，也才能看出一家公司是否具备巴菲特最想要的“长期稳定获利能力”。

这个章节的重点就是，如果您完全没有财务背景，阅读财务报表只是想让自己的投资选股更正确，那么学会接下来介绍的财务报表立体模型就够用了。

解读财务报表立体模型

请参见图 1-4，上方第一张报表叫作“利润表”，告诉我们一家公司一个月（或是一季 / 半年 / 一年）到底做了多少营收？公司每个月的成本是多少？每个月的管销费用是多少（您可以把一家公司的“管销费用”想象成一个人每个月的“食、衣、住、行、育、乐等费用”，其实这些观念是相通的）？然后扣掉营业外收入与支出以及所得税之后，这个月到底帮股东赚了多少税后净利润？

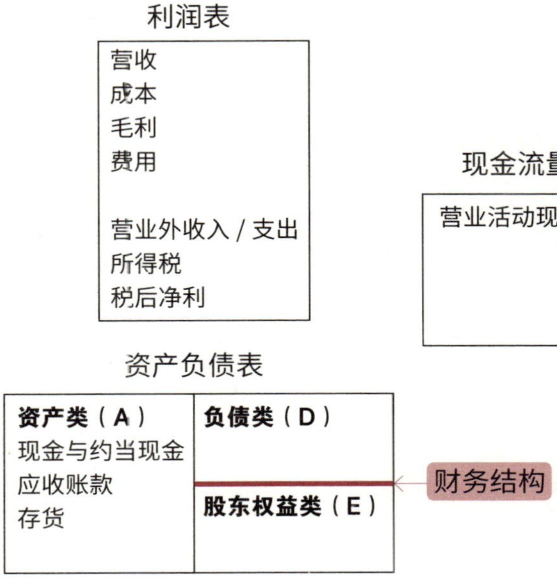

图 1-4　财务报表的立体模型

下方的报表叫作“资产负债表”，通常左边放的是资产相关类别的会计科目，右上角放的是负债类的会计科目，右下角放的是跟股东相关的股东权益类科目。

这张报表左边的总数与右边的总数一定会相等，所以是一张左右平衡（balance）的报表（sheet）。正因如此，资产负债表的英文叫作 balance sheet，亦即：

左边＝右边

资产＝负债＋股东权益

如果用英文来表示，则会变成：

Asset ＝ Debt ＋ Equity

简称为　A ＝ D ＋ E

右边第三张财务报表叫作“现金流量表”，这张报表主要的功能是让我们了解一家公司账面上所赚的钱（利润表），最后是不是转变成真正的现金回到公司为公司所用。

以上，就是财务报表的基础立体观念。

●财务杠杆的观念

在进一步介绍更多财务报表知识之前，我想特别介绍“财务杠杆”这个观念。“财务杠杆”就是刚才您在图 1-4“财务报表的立体模型”中看到的那根红色棒子。

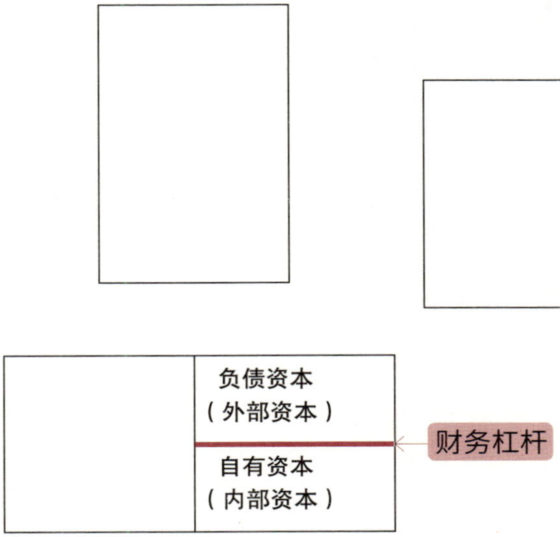

图 1-5　财务杠杆的原理

如图 1-5 所示，在棒子上面，是在外面欠人家的钱（负债）；棒子的下方，则是股东出资的钱（股东权益）。

所以财务的专业名词才会说，负债的资金来源叫“外部资本”或“负债资本”，股东出资的钱就叫“自有资本”或“内部资本”。

请您猜猜看，是财务杠杆（棒子）上方的负债资本比较便宜，还是下方的自有资金成本比较便宜?

答案是负债资本比较便宜，因为一家正常的公司跟银行借钱时，资金成本在 2% 左右；但是当您成为一家公司的股东，投入资金之后，您会希望能获得更高的报酬率或是股息，例如 10% 以上，您才会想要投资，对吗?

所以外部的资金成本比较低，内部的资金成本反而比较高，和一般人认为内部资金（股东出的钱）是零成本的概念正好相反。

如果一家经营超过五年有正常获利的公司，公司的财务结构（那根棒子）通常会往上移（如图 1-6 所示），代表股东出资越来越多，对外的负债越来越少。

为什么好的公司通常都有这个共通性呢？

因为人性：肥水不流外人田！

如果公司经营得很好，每年固定获利，又是一门好生意（毛利率够高），当公司需要更多资金扩大经营的时候，所有的股东都会举手欢迎，喜滋滋地参加公司的现金增资。运用这个人性，我们可以进一步来思考：当一家公司的财务结构一直往上移动，可能就是代表全体股东对这家公司的看法一致：这真是一门好生意，公司又有赚钱的真本事。

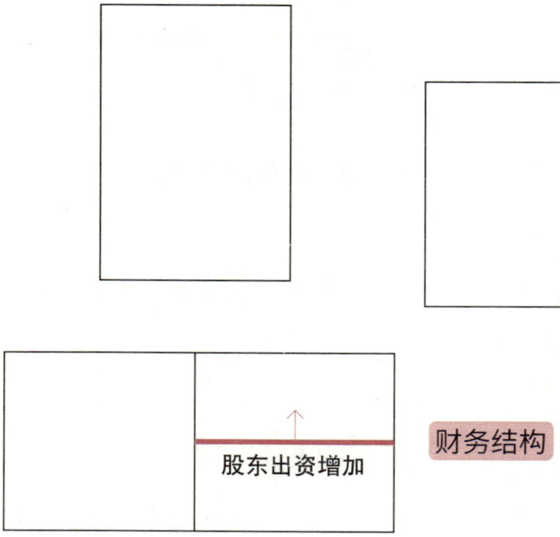

图 1-6　财务杠杆上移，代表公司状况好，肥水不流外人田

反之，当一家公司的财务结构一直往下移，代表负债的资金来源占比越来越大（股东越来越不想投资），就代表这家公司的经营状况可能不妙了！

所以财务报表是一个连动的立体观念（如图 1-7 所示），当您看到❶的数据，要马上同步观看❷与❸的数据：

❶ **财务结构：**如果一家公司的财务结构一直往下移，代表股东出资的钱越来越少，请同步观察❷与❸的数据。

❷ **毛利率：**这家公司的毛利率是不是在持续恶化？这已经不是一门好生意了吗？

❸ **营业利益率：**这家公司是不是已经失去赚钱的真本事？

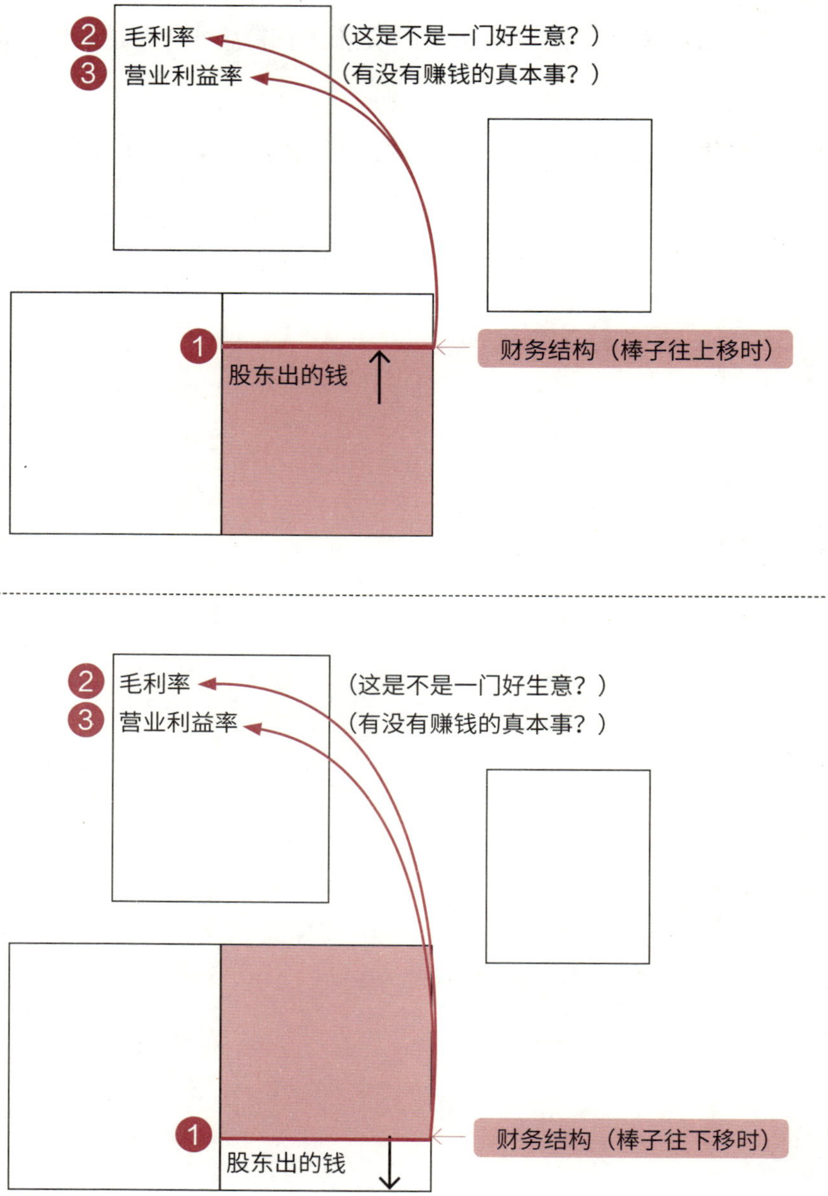

图 1-7　当财务杠杆上下移动时，需立刻检查营运状况

好公司的财务杠杆

接下来我们来看看几家经营状况不错的公司的实际财务报表资料。

大立光 2015 年年报

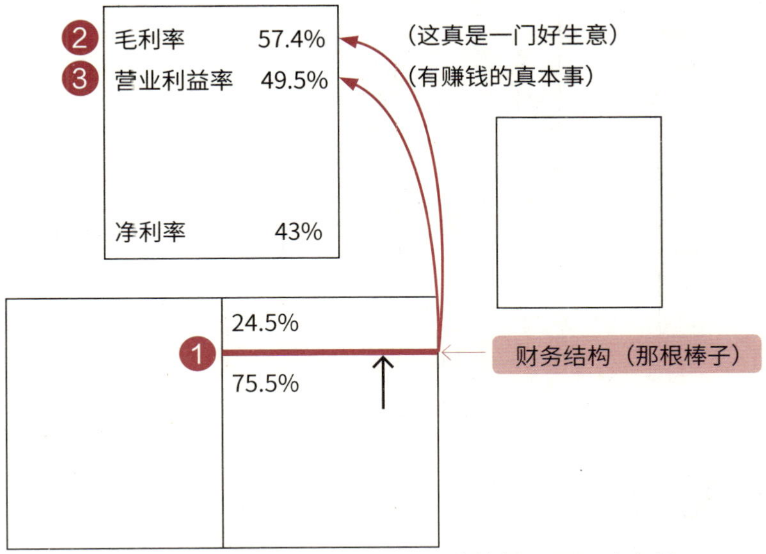

资料来源：2015 年年报。

大立光

1. 财务结构（那根棒子＝负债占总资产比率）=24.5%，这个数据非常漂亮（那根棒子的位置相当高），代表股东积极参与公司的增资计划。这时候请同步观察 2 与 3 的数据。
2. 毛利率 =57.4%，这真是一门好生意！
3. 营业利益率 =49.5%，这家公司有很强大的赚钱真本事。

台积电 2015 年年报

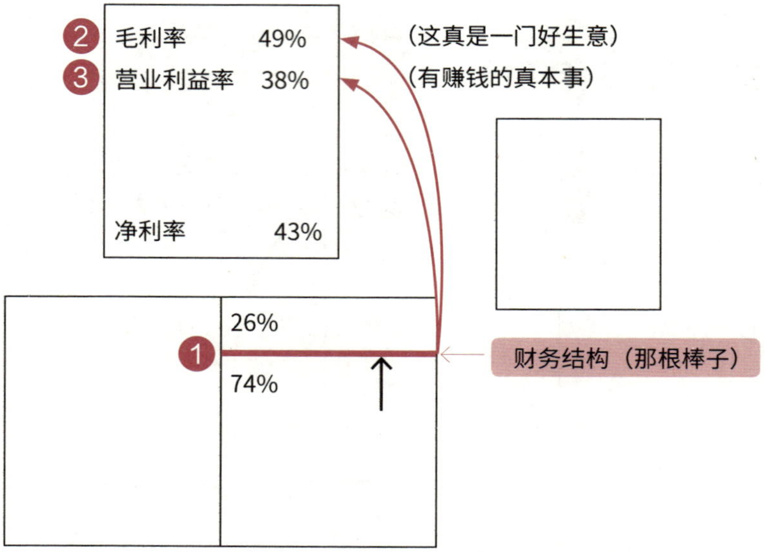

资料来源：2015 年年报。

台积电

1. 财务结构（那根棒子＝负债占总资产比率）=26%。
2. 毛利率 =49%，没想到台积电的晶圆代工，真是一门好生意！
3. 营业利益率 =38%，这家公司有非常不错的赚钱真本事。

中碳 2015 年年报

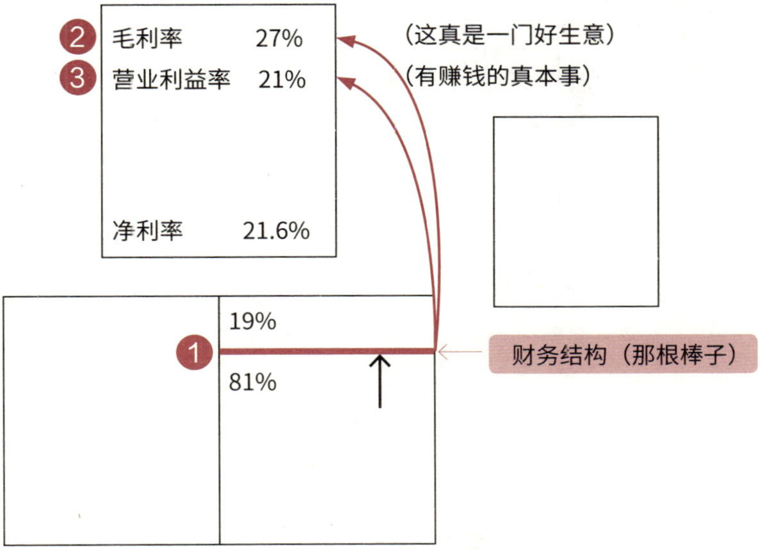

资料来源：2015 年年报。

中碳

① 财务结构（那根棒子＝负债占总资产比率）=19%，代表这家公司对外的负债非常少，大部分都是用股东的资金当作主要资金来源，也代表股东力挺这家公司。

② 毛利率 =27%，没想到传统产业的柏油沥青竟有这么高的毛利率，这真是一门好生意！

③ 营业利益率 =21%，确实拥有非常不错的赚钱真本事。

●经营不善公司的财务杠杆

茂德 2010 年年报

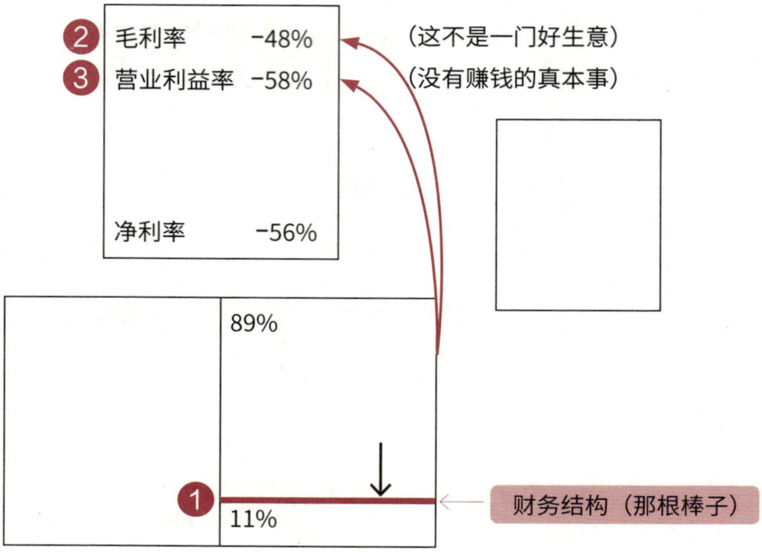

资料来源：2010 年年报（破产前最新年报）。

茂德

① 财务结构（那根棒子＝负债占总资产比率）=89%，代表股东都不愿意出资，公司大部分只能通过负债来经营。看完①，记得一样要同步观察②与③。

② 毛利率 =－48%，这真是一门超级不能经营的行业啊！

③ 营业利益率 =－58%，这种公司绝对没有机会为股东赚钱，除非通过营业外收入来加注。

力晶 2011 年年报

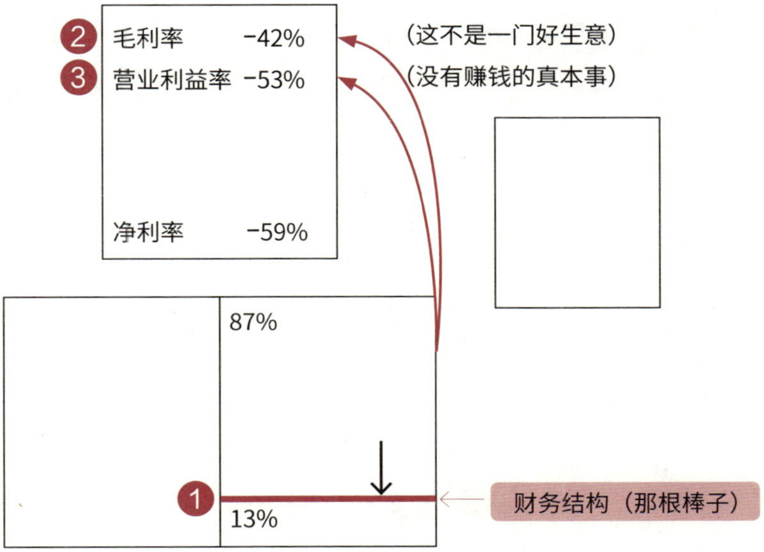

资料来源：2011 年年报（破产前最新年报）。

力晶

1. 财务结构（那根棒子＝负债占总资产比率）=87%，代表只有 13%的股东愿意出资，公司大部分只能通过负债来经营。
2. 毛利率 =－42%，这不是一门好生意。
3. 营业利益率 =－53%，没有赚钱的真本事。

胜华 2013 年年报

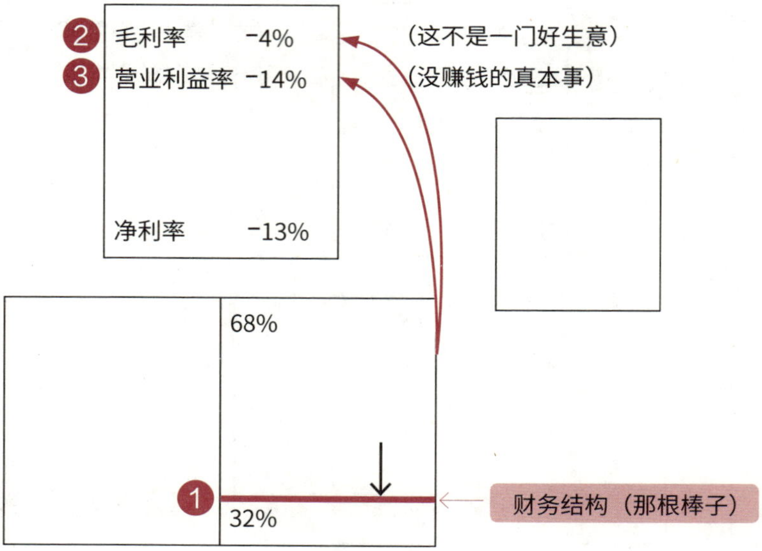

资料来源：2013 年年报（破产前最新年报）。

胜华

1. 财务结构（那根棒子＝负债占总资产比率）=68%，代表只有 32%的资金来自股东。
2. 毛利率 = - 4%，这真是一个艰难的行业。
3. 营业利益率 = - 14%，很难有赚钱的真本事。

由上述 6 家公司，可以看出一个共通性：状况好的公司，股东都急着想再投资，因为肥水不流外人田。而状况不好的公司，股东都不想再投资，避之唯恐不及；公司为了活下去，只能不断地去寻求外部资金，例如银行贷款、公司债等。

当然，这只是一个有趣的共通性，不可能 100% 通用于所有行业。实际的状况会依照不同行业或公司融资策略（也就是找钱的策略）而有所不同。

财务报表的取得方式与阅读顺序

有了基本的财务报表立体观念，接下来就需要找出您想投资之公司的财务报表。只要是上市上柜的公司，在每个国家或地区的公开资讯观测站都会有该公司最新的财务报表。台湾的公开资讯观测站网址是 http://mops.twse.com.tw/mops/web/t05st22_q1。

台湾的公开资讯观测站自 2016 年起，也提供了财务报表分析的新网站（http://mopsfin.twse.com.tw），读者可以自行参考。但新网站无法同时阅读多个指标，只能一个指标、一个指标地比对，比较容易陷于见树不见林的窘境。笔者建议初学者宜先建立全局观，之后再使用新网站。

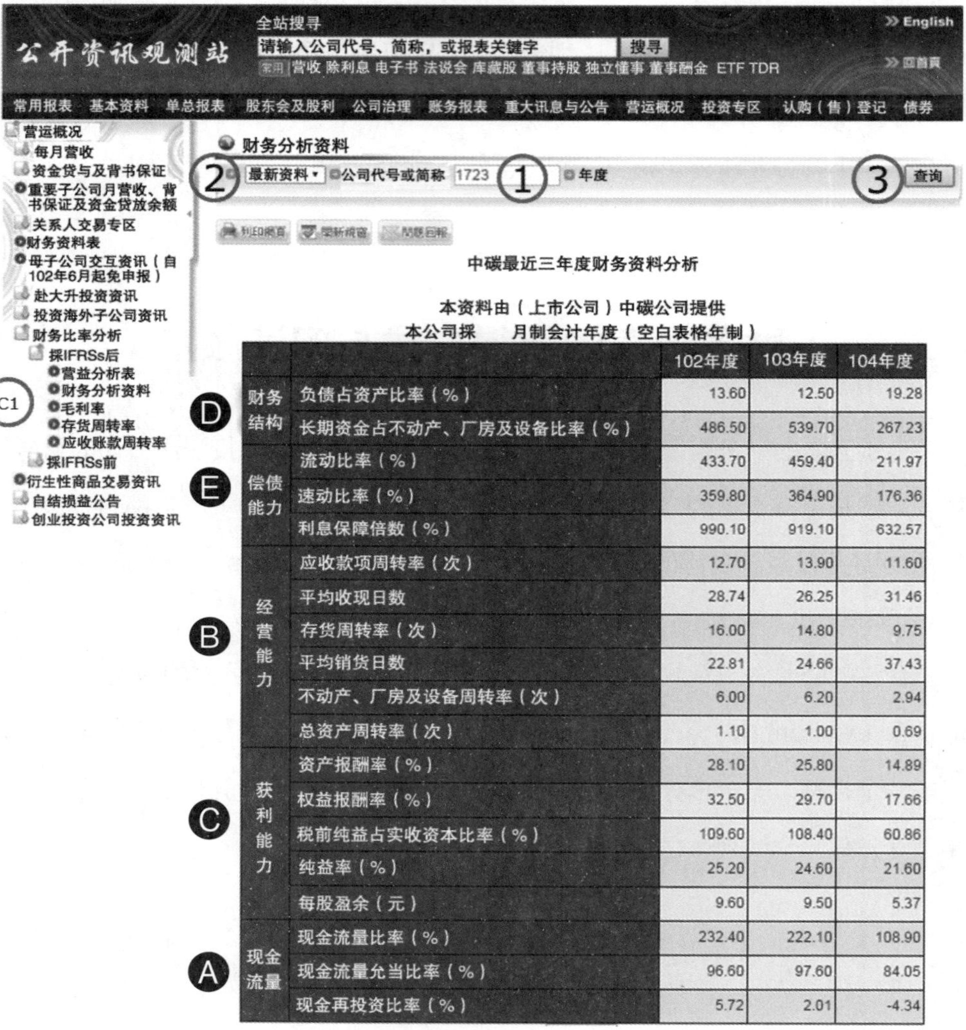

		102年度	103年度	104年度
财务结构	负债占资产比率（%）	13.60	12.50	19.28
	长期资金占不动产、厂房及设备比率（%）	486.50	539.70	267.23
偿债能力	流动比率（%）	433.70	459.40	211.97
	速动比率（%）	359.80	364.90	176.36
	利息保障倍数（%）	990.10	919.10	632.57
经营能力	应收款项周转率（次）	12.70	13.90	11.60
	平均收现日数	28.74	26.25	31.46
	存货周转率（次）	16.00	14.80	9.75
	平均销货日数	22.81	24.66	37.43
	不动产、厂房及设备周转率（次）	6.00	6.20	2.94
	总资产周转率（次）	1.10	1.00	0.69
获利能力	资产报酬率（%）	28.10	25.80	14.89
	权益报酬率（%）	32.50	29.70	17.66
	税前纯益占实收资本比率（%）	109.60	108.40	60.86
	纯益率（%）	25.20	24.60	21.60
	每股盈余（元）	9.60	9.50	5.37
现金流量	现金流量比率（%）	232.40	222.10	108.90
	现金流量允当比率（%）	96.60	97.60	84.05
	现金再投资比率（%）	5.72	2.01	-4.34

图 1-8　公开资讯观测站首页

本书为了让大家有较完整的全局观点，故使用台湾公开资讯观测站首页最原汁原味的财报信息。

进入公开资讯观测站之后，您就会看到如图 1-8 所示的画面。只要在①处输入您熟悉的股票代号，例如1723中碳，同时在②处勾选“最新资料”、③处单击“查询”键，1 分钟之内就可以看到那家公司最近 3 年的五大财务比率分析报表。

这张密密麻麻的报表，乍看起来吓死人，所以建议您暂时不用理会数字，先学会财报“中翻中”的技巧就好。

图 1-9 中标示了Ⓐ～Ⓔ的标号，这是我们经过多年实战经验，在股市交了无数次的学费之后，建议您应该照此顺序阅读财务报表，接下来我们逐一说明。

Ⓐ现金流量，“中翻中”叫作“比气长，越长越好”

这个用想象就很容易理解。您就把它想象成“现金流量”，那当然是越多越好，因为流进公司的现金越多，公司的底气就越足，气就会越来越长，也代表一家公司的心肺功能越强。

我们投资股票当然是希望投资到一家好公司，就像在田径场上挑哪个短跑选手会得奖，当然要优先选择心肺功能正常的选手。所以，现金流量是您投资股市第一个要观察的重要指标。遗憾的是，大家通常只关注营收规模大小或是每股盈余（Earnings Per Share，EPS）。

Ⓑ经营能力，“中翻中”叫作“翻台率，越高越好”

这一项您也可以用生活常识来想象。有甲、乙两家餐厅，甲餐厅中午的翻台率是四倍，乙餐厅中午的翻台率是一倍，请问两家餐厅中，哪一家的经营能力比较好？当然是翻台率越高的那一家餐厅经营能力越好。所以，“经营能力”中翻中，叫作“翻台率，越高越好”。

C 获利能力，“中翻中”叫作“这是不是一门好生意？越高越好”

这部分主要是看这一家公司的毛利率够不够高，因为在所有获利指标当中，毛利率是最重要的信息。毛利率高，代表这真是一门好生意；毛利率低，代表这是一门艰难的生意；如果毛利率是负的，那就代表这真是一门烂生意。

如果您投资的公司，属于艰难的生意或是一门烂生意，那么您想要透过投资该公司股票来获利的机会就会非常渺茫，除非您放空。

D 财务结构，“中翻中”就是“那根棒子，棒子的位置越高越好”

我们在前面的内容中提到，财务结构的高低能够看出一家公司股东对这家公司的普遍性看法——这是不是一门好生意？有没有赚钱的真本事？所以这也是非常重要的指标之一，我将优先级排在第四位。

E 偿债能力，“中翻中”叫作“您欠我的，能还吗？还越多越好”

这应该不用多加解释了，因为非常符合我们的常识。

所以当您到公开资讯观测站看自己所投资公司的财务报表时，不要被这些密密麻麻的数字给吓到，先针对大标题进行“中翻中”就可以了。

最后，请您再次参考图 1-9，我们针对公开资讯观测站五大财务比率分析的原汁原味表格，再带您复习一次“中翻中”。希望您读完这个章节，能完全消除对财务报表的恐惧感。

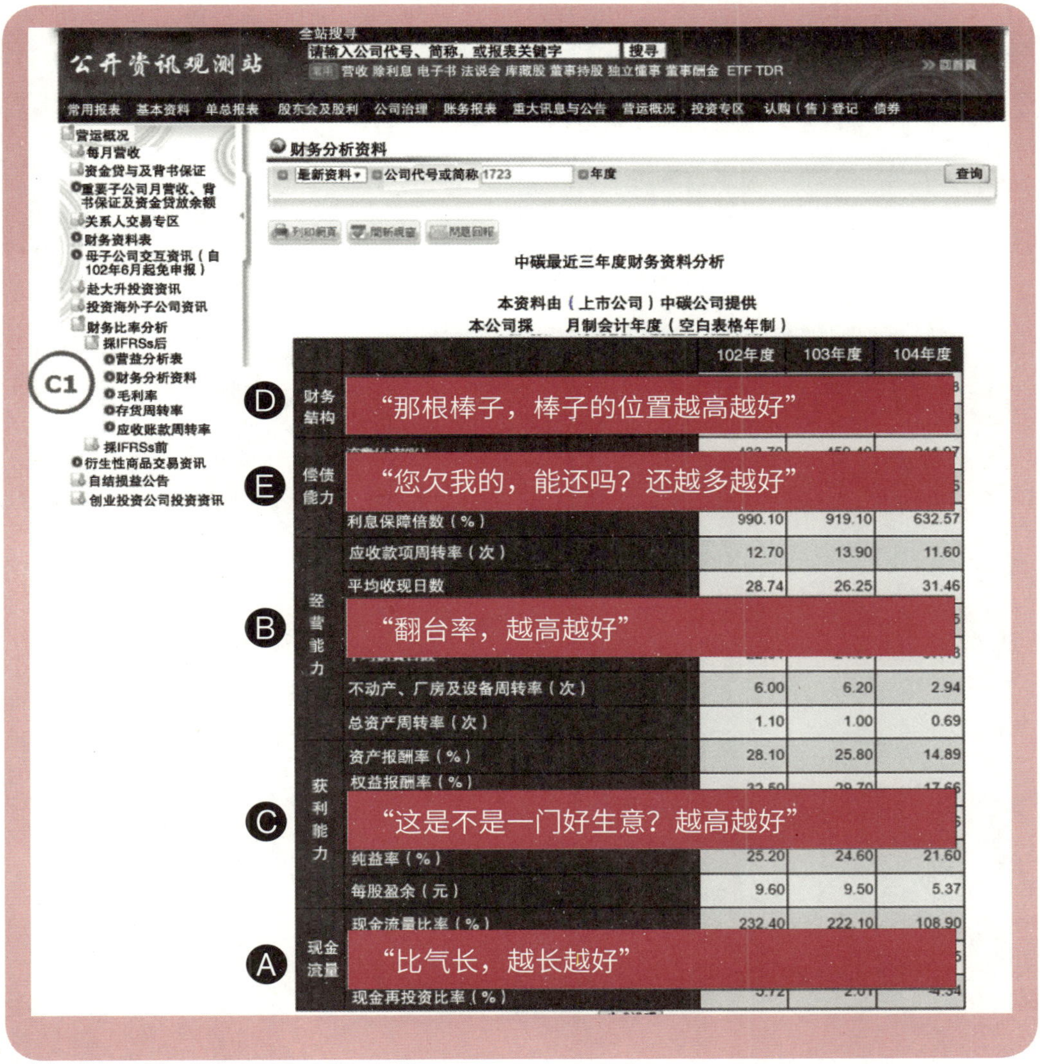

图 1-9　替公开资讯观测站财报数据的大标题进行“中翻中”

Chapter
2

从现金流量破解公司的存活能力

现在您已经拥有了财务报表大架构的观念，接着我们进一步来分析其中重要的细节观念，本章要教您解读现金流量的投资奥秘。

在深入说明之前，我要特别强调，这是一本工具书，目的是在短时间内教会您拥有 80％的正确财务报表知识，协助您在投资股票的过程中，拥有更好的判断能力，所以本书不会特别花时间解说太过烦琐的理论知识。如果您对财务报表抱有浓厚的兴趣，可以阅读其他专家学者所写的正规财务报表书籍，或是参考笔者的另一本畅销书——《用生活常识就能看懂财务报表》。

如果想要确认一家公司“比气长”的能力，通常得看三个重要的指标：

Ⓐ1 以“大于 100/100/10”的观念来分析。

Ⓐ2 手上是否有足够的现金，能安全度过经济不景气时的危急时刻？

Ⓐ3 公司销货过程中能否实时收回现金？

Ⓐ1 100/100/10 分析指标

●现金流量比率

所谓“大于 100 ／ 100 ／ 10”的观念，其中第一个 100 指的是现金流量比率。

现金流量比率

$$= \frac{\text{营业活动净现金流量}}{\text{流动负债}}$$

$$= \frac{\text{(大)}}{\text{(小)}} > 100\%\text{（比较好）}$$

乍看之下，现金流量比率是一个可怕的公式，但是您只要把它“中翻中”，就会理解它的含义。

这个指标主要是让您知道，您投资的公司的经常性营业活动所带来的现金流入是否足以偿还欠他人的流动负债？

大于100％代表公司真正赚进来的现金足够偿还对外的短期负债，大于100％也代表公司赚回的现金比较多，对外欠的短期负债比较少，因此暗示着这家公司向银行周转借钱的能力也不错。如果用生活中的例子，您应该更容易了解。

A 公司

现金流量比率

$$= \frac{1000\text{ 万元}}{300\text{ 万元}}$$

$$= \frac{大}{小} > 100\%$$

B 公司

现金流量比率

$$= \frac{1000\text{ 万元}}{3\text{ 亿元}}$$

$$= \frac{小}{大} < 100\%$$（非常不好）

A公司一年赚进的营业活动现金流量是1000万元，对外的短期负债是300万元；B公司一年赚进的营业活动现金流量是1000万元，对外的短期负债是3亿元。您觉得哪一家公司的经营状况比较好？

只用常识判断，也能认定当然是A公司的情况比较好。所以我们才会说，现金流量“中翻中”是“比气长，越长越好”，数字越大越好。

●现金流量允当比率

“大于100／100／10”的观念，其中第二个100指的是现金流量允当比率。学理上定义的吓人公式如下：

现金流量允当比率

$$= \frac{\text{最近 5 年度营业活动净现金流量}}{\text{最近5年度的“资本支出+存货增加额+现金股利”}}$$

$$= \frac{\text{(大)}}{\text{(小)}} > 100\%\text{（比较好）}$$

这个公式看起来更吓人，但不用担心，它一样可以简单地“中翻中”。

大于 100% 代表分子大、分母比较小，也就是说公司最近的五个年度，靠正常的营业活动所赚进来的现金流量大于最近五个年度为了成长所需的资本支出、存货和固定要发给股东的现金股利。这个比率的数值当然是越大越好。

大于 100% 代表公司最近五个年度不需要对外借钱融资，自己赚的钱（营业活动现金流量）就能自给自足，满足基本的成长所需。

大于 100% 也代表公司最近五个年度自己所赚的钱已经够用，不太需要看银行或股东的脸色，因为如果公司缺资金的话，需要从这两种渠道借钱。如果经营公司不需要看银行或股东的脸色，这当然是最棒的情况。

同样地，让我举个生活中的例子。甲公司最近五个年度的营业活动现金流量有 5000 万元，为了把生意做得更好，它需要添购一台价值 1000 万元的大型卡车。乙公司也是做相同的行业，但是它最近五个年度的营业活动现金流量累计只有 500 万元；当它也想买一台价值 1000 万元的大卡车时，这家公司还缺 500 万元，所以它必须看银行或股东的脸色。

甲公司	乙公司
现金流量允当比率	现金流量允当比率
$=\dfrac{5000\text{ 万元}}{1000\text{ 万元}}$	$=\dfrac{500\text{ 万元}}{1000\text{ 万元}}$
$=\dfrac{\text{大}}{\text{小}} > 100\%$	$=\dfrac{\text{小}}{\text{大}} < 100\%$

您觉得是甲公司好，还是乙公司好？用常识来判断，当然是甲公司比较好。所以我们才会说，现金流量“中翻中”是“比气长，越长越好”，数字越大越好，能够完全满足“大于 100 / 100 / 10”更好。

●现金再投资比率

“大于 100 / 100 / 10”的观念，其中 10 指的是现金再投资比率。学理上定义的吓人公式如下：

现金再投资比率

$$=\frac{\text{营业活动净现金流量}-\text{现金股利}}{\text{固定资产毛额}+\text{长期投资}+\text{其他资产}+\text{营运资金}}$$

$$=\frac{10}{100}=10\%\text{（比较好）}$$

请暂时不要理会这个复杂的公式，您只要知道如何“中翻中”就可以。

这个比率指的是公司靠自己日常营运实力所赚进来的钱（营业活动现金流量）在扣除给股东现金股利之后，公司最后自己所能保留下来的现金与公司总资产之间的比率；而这些保留下来的现金，可以再投资于公司。

其中的分母（固定资产毛额+长期投资+其他资产+营运资金），如果您仔细看，就会发现它已经几乎要把整个大项的资产科目都包含进去了。

换句话说，“大于 100 / 100 / 10”其中的 10% 观念，您也可以把它理解成公司手上真正留下来的现金，最低应该占总资产的 10%。

有趣的是，2014 年巴菲特在预立遗嘱中，交代妻子把九成的资金放在标准普尔 500（S&P 500）的指数股票型基金（ETF），剩下一成放在政府债券，长期持有就可以过得很好；其中，美国的政府债券等同现金（因为流动性很高，缺钱时可以马上卖出变成现金）。如果我们将巴菲特的预立遗嘱进行“中翻中”分析，就是现金最低应该占总资产的 10%。

公司体质好坏实战分析

接下来，我们进入实战分析，看看经营状况好的公司与状况不好的公司有何差异。

首先利用从公开资讯观测站取得的财报资料可以看到现金流量的相关比率等信息位于Ⓐ区块，如图 2-1。

若进一步整理从公开资讯观测站获得的各项资料，则可将该公司的财务报表信息汇整为如图 2-2 至图 2-7 所示方便查找的样貌。

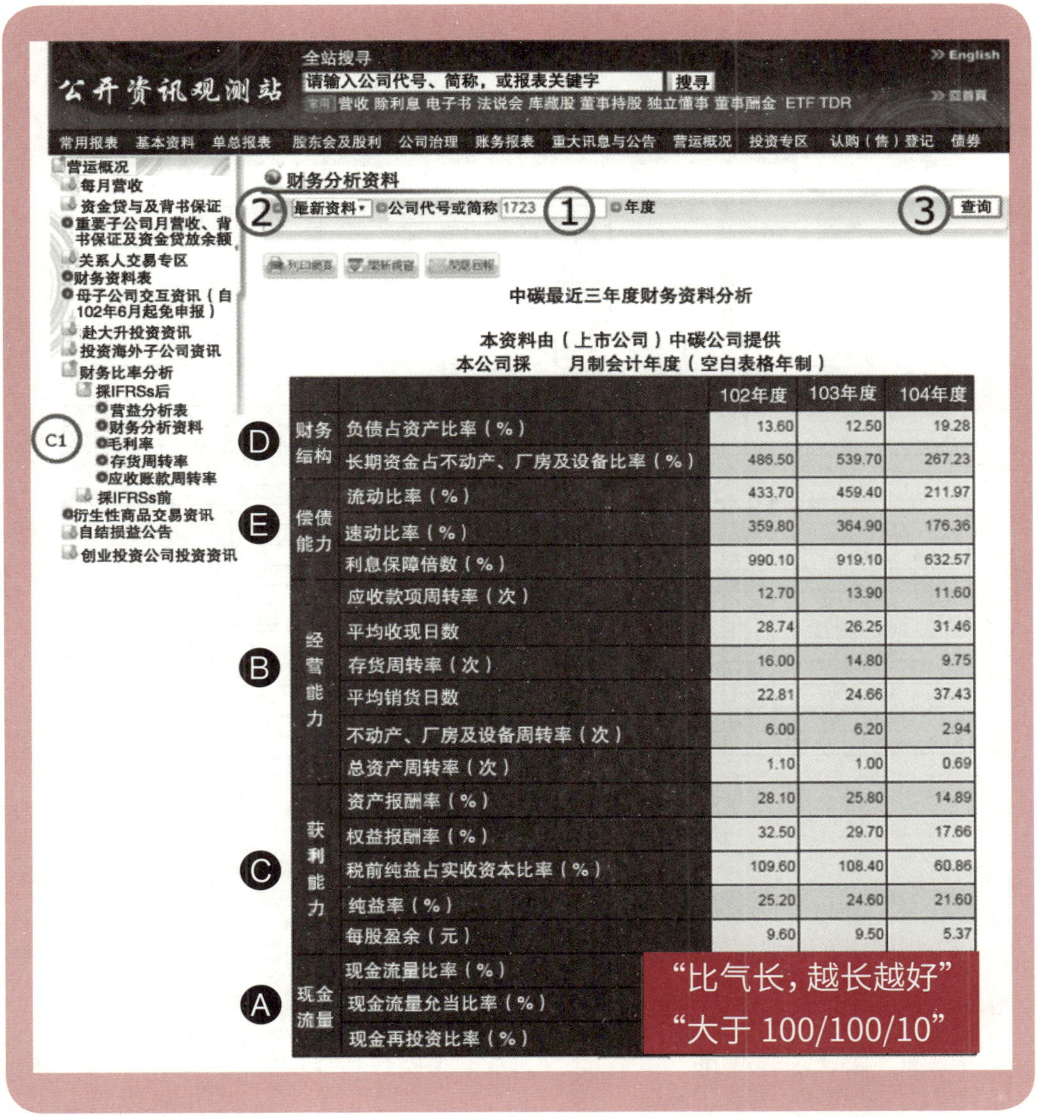

		102年度	103年度	104年度
财务结构	负债占资产比率（%）	13.60	12.50	19.28
	长期资金占不动产、厂房及设备比率（%）	486.50	539.70	267.23
偿债能力	流动比率（%）	433.70	459.40	211.97
	速动比率（%）	359.80	364.90	176.36
	利息保障倍数（%）	990.10	919.10	632.57
经营能力	应收款项周转率（次）	12.70	13.90	11.60
	平均收现日数	28.74	26.25	31.46
	存货周转率（次）	16.00	14.80	9.75
	平均销货日数	22.81	24.66	37.43
	不动产、厂房及设备周转率（次）	6.00	6.20	2.94
	总资产周转率（次）	1.10	1.00	0.69
获利能力	资产报酬率（%）	28.10	25.80	14.89
	权益报酬率（%）	32.50	29.70	17.66
	税前纯益占实收资本比率（%）	109.60	108.40	60.86
	纯益率（%）	25.20	24.60	21.60
	每股盈余（元）	9.60	9.50	5.37
现金流量	现金流量比率（%）			
	现金流量允当比率（%）			
	现金再投资比率（%）			

图 2-1　现金流量符合“大于 100/100/10”是比气长的关键

大立光

五大财务比率分析的资料来源：http://ppt.cc/MvMW
现金流量表的资料来源：http://ppt.cc/yoeAg

3008
大立光

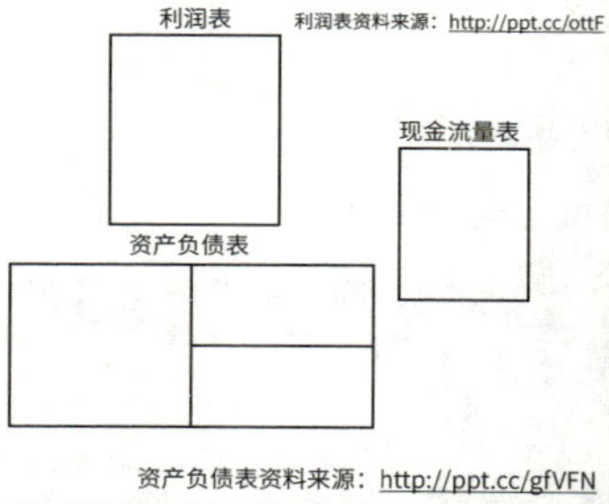

年份→	2013	2014	2015
现金与约当现金（占总资产%）	34.97	39.5	46.7
应收账款（占总资产%）	17.07	21.3	13.3
存货（占总资产%）	6.97	5.8	4.4
流动资产（占总资产%）	69.43	73.4	73.2
总资产（占总资产%）	100	100	100
应付账款（占总资产%）	6.49	8.2	3.4
流动负债（占总资产%）	20.97	24.2	24.4
长期负债（占总资产%）	0.19	0.12	0.1
股东权益（占总资产%）	78.84	75.7	75.5
总负债+股东权益(占总资产%)	100	100	100

类别	财务比率 \ 年份	2013	2014	2015
财务结构	负债占资产比率（%）	21.15	24.33	24.53
	长期资金占不动产/厂房及设备比率（%）	310.65	337.2	315.48
偿债能力	流动比率（%）	331.1	303.11	299.6
	速动比率（%）	296.42	278.49	280.68
经营能力	应收款项周转率（次）	4.1	4.54	4.49
	平均收现日数	89.02	80.39	81.29
	存货周转率（次）	5.54	6.83	6.55
	存货周转天数（平均在库天数）	65.88	53.44	55.72
	不动产/厂房及设备周转率（次）	2.8	3.9	3.3
	总资产周转率（次）	0.71	0.92	0.77
获利能力	资产报酬率（%）RoA	27.53	39.01	33.31
	权益报酬率（%）RoE	35.95	50.72	44.09
	税前纯益占实收资本比率（%）	857.37	1711.9	2,173.8
	营业毛利率（%）①	47.25	53.52	57.38
	营业利益率（%）②	39.3	45.99	49.5
	经营安全边际率%=②/①越大越好	83.17	85.93	86.27
	纯益率（%）=净利率	35.03	42.43	43.24
	每股盈余（元）	71.64	144.91	180.08
	税后净利 单位：百万元	9,610	19,438	24,157
现金流量	现金流量比率（%） >100%	139.56	133.18	142.45
	现金流量允当比率（%） >100%	144.25	171.43	202.16
	现金再投资比率（%） >10%	24.33	29.27	30.78

	2013	2014	2015
营业活动现金流量（from 利润表） 单位：百万元	11,300	19,688	29,241
投资活动现金流量（from B/S 左边） 单位：百万元	(5,160)	(5,472)	(7,199)
理财活动现金流量（from B/S 右边） 单位：百万元	(2,302)	(3,719)	(6,870)

图 2-2　大立光 2015 年财务报表

在大立光的现金使用分析当中，“大于 100 / 100 / 10”（现金流量比率/现金流量允当比率/现金再投资比率）这三个指标都完全符合，而且还大很多，代表这家公司的“气”比同行业的还要长。

“比气长”这个观念非常重要，因为当我们投资一家公司时，当然要优先投资“气”比较长的公司，指望这家公司不会破产（比气长），然后在这个基础上追求最大的投资报酬率。千万不能只追求最大的投资报酬率，结果没几个月该公司就破产退市，这样投资就会血本无归。

台积电

五大财务比率分析的资料来源：http://ppt.cc/MvMW
现金流量表的资料来源：http://ppt.cc/yoeAg

2330
台积电

利润表资料来源：http://ppt.cc/ottF

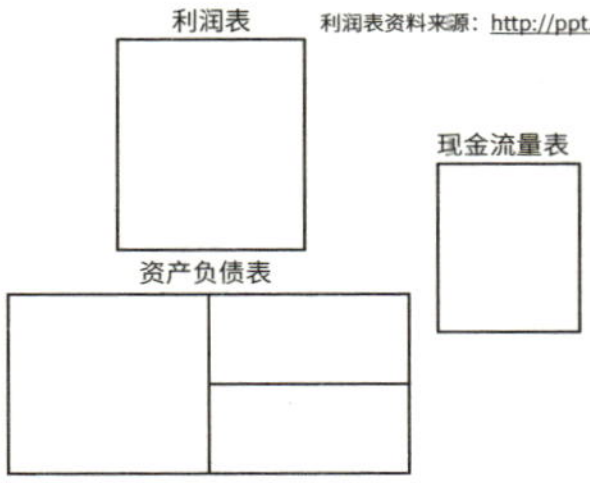

资产负债表资料来源：http://ppt.cc/gfVFN

年份→	2013	2014	2015
现金与约当现金（占总资产％）	19.21	24.0	34.0
应收账款（占总资产％）	5.69	7.69	5.16
存货（占总资产％）	2.97	4.44	4.05
流动资产（占总资产％）	28.38	41.9	45.1
总资产（占总资产％）	100	100	100
应付账款（占总资产％）	1.29	1.56	1.19
流动负债（占总资产％）	15.03	13.5	12.8
长期负债（占总资产％）	17.85	16.6	13.4
股东权益（占总资产％）	67.12	69.9	73.8
总负债+股东权益(占总资产％)	100	100	100

类别	财务比率 年份	2013	2014	2015
财务结构	负债占资产比率（％）	32.88	30.06	26.24
	长期资金占不动产／厂房及设备比率（％）	135.4	158.17	169.34
偿债能力	流动比率（％）	188.9	311.17	351.86
	速动比率（％）	168.57	278.03	319.58
经营能力	应收款项周转率（次）	9.11	8.12	8.37
	平均收现日数	40.06	44.95	43.6
	存货周转率（次）	8.39	7.42	6.49
	存货周转天数（平均在库天数）	43.5	49.19	56.24
	不动产／厂房及设备周转率（次）	0.85	0.95	1.01
	总资产周转率（次）	0.54	0.55	0.54
获利能力	资产报酬率（％）RoA	17.11	19.33	19.62
	权益报酬率（％）RoE	24	27.88	27.04
	税前纯益占实收资本比率（％）	83.11	116.51	135.14
	营业毛利率（％）①	47.06	49.52	48.65
	营业利益率（％）②	35.08	38.79	37.94
	经营安全边际率％=②／①越大越好	74.54	78.33	77.99
	纯益率（％）＝净利率	31.49	34.58	36.34
	每股盈余（元）	7.26	10.18	11.82
	税后净利 单位：百万元	188,019	263,764	306,556
现金流量	现金流量比率（％） ＞100％	183.05	209.7	249.67
	现金流量允当比率（％） ＞100％	88.35	92.15	103.82
	现金再投资比率（％） ＞10％	12.16	13.04	13.76

营业活动现金流量（from 利润表） 单位：百万元	347,384	421,524	529,879
投资活动现金流量（from B/S 左边） 单位：百万元	(281,054)	(282,421)	(217,246)
理财活动现金流量（from B/S 右边） 单位：百万元	32,106	(32,328)	(116,734)

图 2-3 台积电 2015 年财务报表

台积电也大致符合“大于 100 / 100 / 10”的指标，而且每个指标都是一年比一年好。

中碳

1723
中碳

五大财务比率分析的资料来源：http://ppt.cc/MvMW
现金流量表的资料来源：http://ppt.cc/yoeAg

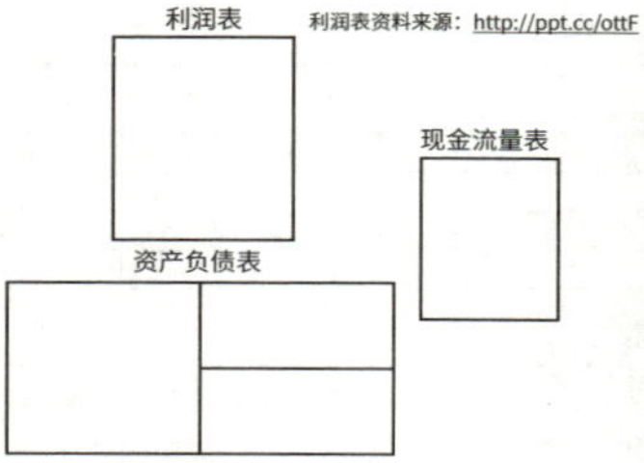

资产负债表资料来源：http://ppt.cc/gfVFN

年份→	2013	2014	2015
现金与约当现金（占总资产 %）	6.16	12.6	12.6
应收账款（占总资产 %）	8.56	6.29	5.35
存货（占总资产 %）	4.54	5.14	5.18
流动资产（占总资产 %）	52.13	50.5	36.7
总资产（占总资产 %）	100	100	100
应付账款（占总资产 %）	4.27	3.23	2.29
流动负债（占总资产 %）	12.02	11.0	17.3
长期负债（占总资产 %）	1.56	1.55	2.0
股东权益（占总资产 %）	86.42	87.5	80.7
总负债＋股东权益(占总资产 %）	100	100	100

类别	财务比率　　年份	2013	2014	2015
财务结构	负债占资产比率（%）	13.6	12.5	19.3
	长期资金 占不动产 / 厂房及设备比率（%）	486.5	539.7	267.2
偿债能力	流动比率（%）	433.7	459.4	433.7
	速动比率（%）	359.8	364.9	359.8
经营能力	应收款项周转率（次）	12.7	13.9	11.6
	平均收现日数	28.74	26.25	31.46
	存货周转率（次）	16	14.8	9.75
	存货周转天数（平均在库天数）	22.81	24.66	37.43
	不动产 / 厂房及设备周转率（次）	6	6.2	2.94
	总资产周转率（次）	1.1	1.0	0.69
获利能力	资产报酬率（%）RoA	28.1	25.8	14.89
	权益报酬率（%）RoE	32.5	29.7	17.66
	税前纯益占实收资本比率（%）	109.6	108.4	60.86
	营业毛利率（%）①	31.86	31.74	26.94
	营业利益率（%）②	27.46	26.74	20.91
	经营安全边际率 %= ② / ① 越大越好	86.19	84.25	77.62
	纯益率（%）= 净利率	25.2	24.6	21.6
	每股盈余（元）	9.6	9.5	5.37
	税后净利　单位：百万元	2,221	2,188	1,239
现金流量	现金流量比率（%）　> 100%	232.4	222.1	108.9
	现金流量允当比率（%）　> 100%	96.6	97.6	84.05
	现金再投资比率（%）　> 10%	5.72	2.01	(4.34)

	2013	2014	2015
营业活动现金流量（from 利润表）　单位：百万元	2,310	2,120	1,505
投资活动现金流量（from B/S 左边）单位：百万元	(630)	359	(470)
理财活动现金流量（from B/S 右边）单位：百万元	1,720	(1,910)	(1,134)

图 2-4　中碳 2015 年财务报表

中碳的“大于 100 / 100 / 10”指标，除了第一个 100 的指标表现很好之外，其他都不算理想。可是在股市中，大家不是都说中碳是一家值得投资的好公司吗？为什么它的“比气长”指数没有那么好？

这是因为，一家公司真正的“比气长”指数，要看三个重要方面，但我们现在只看到第一个“大于 100 / 100 / 10”的“比气长”观念。稍后会再进一步为大家解说另外两个“比气长”的重要观念。

茂德

5387 茂德　2012.03 宣布破产

五大财务比率分析的资料来源：http://ppt.cc/MvMW
现金流量表的资料来源：http://ppt.cc/yoeAg

利润表资料来源：http://ppt.cc/ottF

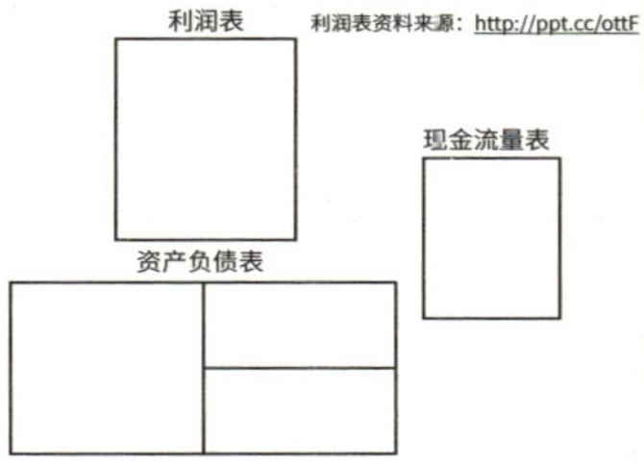

资产负债表资料来源：http://ppt.cc/gfVFN

年份→	2008	2009	2010
现金与约当现金（占总资产%）	0.4	0.28	2.47
应收账款（占总资产%）	1.2	0.28	1.13
存货（占总资产%）	3.48	1.97	3.18
流动资产（占总资产%）	6.83	5.64	11.24
总资产（占总资产%）	100	100	100
应付账款（占总资产%）	3.89	3.85	2.29
流动负债（占总资产%）	61.25	22.31	20.57
长期负债（占总资产%）	5.95	58.03	75.21
股东权益（占总资产%）	32.8	19.66	4.22
总负债+股东权益(占总资产%)	100	100	100

类别	财务比率　年份	2008	2009	2010
财务结构	负债占资产比率（%）	65.5	78.7	88.9
	长期资金占不动产/厂房及设备比率（%）	43.3	95.5	108.5
偿债能力	流动比率（%）	10.3	27.4	70.4
	速动比率（%）	3	3.8	26.2
经营能力	应收款项周转率（次）	9.3	9.8	37.9
	平均收现日数	39.4	37.2	9.6
	存货周转率（次）	6.5	9.6	14.5
	存货周转天数（平均在库天数）	56.6	38	25.3
	不动产/厂房及设备周转率（次）	0.28	0.12	0.37
	总资产周转率（次）	0.24	0.1	0.25
获利能力	资产报酬率（%）RoA	(22.6)	(18.8)	(12.4)
	权益报酬率（%）RoE	(59.6)	(70.1)	(83.3)
	税前纯益占实收资本比率（%）	(49.5)	(32)	(49.8)
	营业毛利率（%）①	(61.9)	(212.6)	(47.8)
	营业利益率（%）②	(78.1)	(240.1)	(58.1)
	经营安全边际率%=②/①越大越好	负数无意义	负数无意义	负数无意义
	纯益率（%）=净利率	(117.7)	(231.5)	(56.3)
	每股盈余（元）	(5.2)	(3.2)	(5)
	税后净利　单位：百万元	(36,090)	(23,220)	(17,990)
现金流量	现金流量比率（%）　> 100%	2.9	0	7.4
	现金流量允当比率（%）　> 100%	48.7	39.6	41.4
	现金再投资比率（%）　> 10%	2.2	0	0.8

营业活动现金流量（from 利润表）　单位：百万元	869	(974)	765
投资活动现金流量（from B/S 左边）单位：百万元	(13,417)	(1,028)	3,129
理财活动现金流量（from B/S 右边）单位：百万元	3,767	(1,745)	(2,192)

图 2-5　茂德 2010 年财务报表

看完这 3 家好公司之后，我们再来看看 3 家已经退市的公司在它们退市前最后一次披露的财务报表是什么状况。

可以很明显地看到，在“比气长”指数 100 / 100 / 10 方面，茂德的第一个 100 指标，在 2009 年年报的数字是 0。代表公司经常性营业活动所带来的现金流入太少，公司完全没有能力偿还对外的短期负债。

其后的现金流量允当比率（100）与现金再投资的比率（10），也非常不好。

力晶

5346 力晶　2012.12 宣布破产

五大财务比率分析的资料来源：http://ppt.cc/MvMW
现金流量表的资料来源：http://ppt.cc/yoeAg

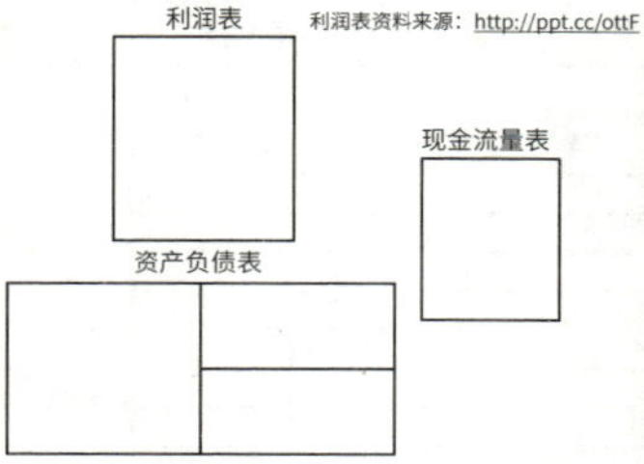

资产负债表资料来源：http://ppt.cc/gfVFN

年份→	2009	2010	2011
现金与约当现金（占总资产%）	1.95	3.21	1.4
应收账款（占总资产%）	0.75	0.75	1.42
存货（占总资产%）	5.04	4.32	4.49
流动资产（占总资产%）	11.02	15.62	10.43
总资产（占总资产%）	100	100	100
应付账款（占总资产%）	1.88	2.78	2.68
流动负债（占总资产%）	42.61	45.88	52.74
长期负债（占总资产%）	35.91	25.15	34.21
股东权益（占总资产%）	21.49	28.97	13.05
总负债+股东权益(占总资产%)	100	100	100

类别	财务比率　年份	2009	2010	2011
财务结构	负债占资产比率（%）	78.4	70.7	87.2
	长期资金占不动产/厂房及设备比率（%）	90.1	100.1	83.2
偿债能力	流动比率（%）	18.9	25.7	11.6
	速动比率（%）	10	19.4	7
经营能力	应收款项周转率（次）	17.3	40.2	18.9
	平均收现日数	21	9.1	19.3
	存货周转率（次）	5.3	10.6	9
	存货周转天数（平均在库天数）	68.7	34.6	40.6
	不动产/厂房及设备周转率（次）	0.37	1.3	0.83
	总资产周转率（次）	0.23	0.7	0.46
获利能力	资产报酬率（%）RoA	(12.6)	4.4	(20.7)
	权益报酬率（%）RoE	(56.5)	12.5	(100)
	税前纯益占实收资本比率（%）	(23.6)	10.1	(39.9)
	营业毛利率（%）①	(44.7)	9.3	(42.4)
	营业利益率（%）②	(58.6)	4.1	(52.8)
	经营安全边际率%=②/①越大越好	负数无意义	44.09	负数无意义
	纯益率（%）=净利率	(66.5)	4.8	(58.7)
	每股盈余（元）	(2.5)	0.7	(4)
	税后净利　单位：百万元	(20,713)	3,906	(22,120)
现金流量	现金流量比率（%）　> 100%	10.2	61.7	9.6
	现金流量允当比率（%）　> 100%	47.6	65.8	64.8
	现金再投资比率（%）　> 10%	2.2	12.3	1.6

营业活动现金流量（from 利润表）　单位：百万元	7,186	32,884	4,906
投资活动现金流量（from B/S 左边）单位：百万元	(5,431)	(6,946)	(5,487)
理财活动现金流量（from B/S 右边）单位：百万元	(7,244)	(24,778)	(1,648)

图 2-6　力晶 2011 年财务报表

力晶的“比气长”指数 100 / 100 / 10 大体也是逐年恶化，尤其是第一个 100 指标，在 2011 年只剩下 9.6%，代表当年度这家公司经常性的营业活动所赚进来的现金，只能偿还 9.6% 的对外短期负债。如果把这句话再“中翻中”，就是：不好意思，我今年正常营运所赚来的现金不够用，大约有 90.4% 的短期债务我还不了，拜托各位债权人（供货商与银行等）不要再逼我，我真的拿不出钱了。

胜华

2384 胜华

2014.11 宣布破产

五大财务比率分析的资料来源：http://ppt.cc/MvMW

现金流量表的资料来源：http://ppt.cc/yoeAg

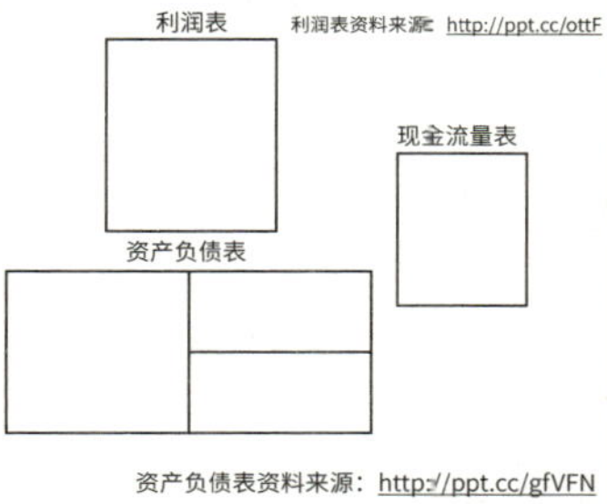

年份→	2011	2012	2013
现金与约当现金（占总资产%）	8.83	6.69	8.61
应收账款（占总资产%）	17.42	14.76	14.17
存货（占总资产%）	13.09	12.58	11.28
流动资产（占总资产%）	43.7	39.22	39
总资产（占总资产%）	100	100	100
应付账款（占总资产%）	15.41	11.71	14.26
流动负债（占总资产%）	43.31	43.27	59.52
长期负债（占总资产%）	16.36	18.23	8.58
股东权益（占总资产%）	40.33	38.5	31.9
总负债+股东权益(占总资产%)	100	100	100

类别	财务比率　　年份	2011	2012	2013
财务结构	负债占资产比率（%）	53.3	53.8	68.1
	长期资金占不动产/厂房及设备比率（%）	230	266.4	72.2
偿债能力	流动比率（%）	102.4	89	65.5
	速动比率（%）	69.1	58.7	41.7
经营能力	应收款项周转率（次）	7	7.1	6.1
	平均收现日数	51.8	51.3	59.9
	存货周转率（次）	10.2	10.6	7.7
	存货周转天数（平均在库天数）	35.7	34.3	47.4
	不动产/厂房及设备周转率（次）	4.75	6.54	1.66
	总资产周转率（次）	1.21	1.35	0.93
获利能力	资产报酬率（%）RoA	(2.3)	(3.4)	(10.8)
	权益报酬率（%）RoE	(5.9)	(8.2)	(33.6)
	税前纯益占实收资本比率（%）	(11.9)	(16.1)	(55.3)
	营业毛利率（%）①	1.6	2.5	(4.3)
	营业利益率（%）②	(10.4)	(0.01)	(13.8)
	经营安全边际率%=②/①越大越好	负数无意义	负数无意义	负数无意义
	纯益率（%）=净利率	(2.1)	(2.8)	(13.4)
	每股盈余（元）	(1.2)	(1.6)	(5.6)
	税后净利 单位：百万元	(1,871)	(2,839)	(10,240)
现金流量	现金流量比率（%）> 100%	19.8	32.2	14.5
	现金流量允当比率（%）> 100%	28.7	48.3	44.1
	现金再投资比率（%）> 10%	7.4	19.1	10.2

	2011	2012	2013
营业活动现金流量（from 利润表） 单位：百万元	3,643	4,143	7,062
投资活动现金流量（from B/S 左边） 单位：百万元	(17,091)	(15,301)	(4,591)
理财活动现金流量（from B/S 右边） 单位：百万元	16,718	9,724	(1,820)

图 2-7　胜华 2013 年财务报表

同样的状况也出现在胜华 2013 年的年报上。

难怪巴菲特会说：“投资人要避开热门股与烂公司。”一旦您投资了烂公司，就等同血本无归啊。所以尽管财务报表上的资料密密麻麻，我们首先看的就是“比气长”相关的指标。

所以用大数法则来看，破产公司都有一个共同性：100 / 100 / 10 的“比气长”指数通常都不理想，导致“气”不够长。

虽然很多财务书籍都有提到财务报表是一家公司的历史数据，不能用来预测未来，但如果您仔细善用财务报表，确实都能在相关公司破产前的数个月到一年之间，就可以分析出该公司可能破产的状况。而这些实用的财务知识就可以帮您趋吉避凶。

例如，2010 年茂德的年报，于 2011 年的 4 月便可以在公开资讯观测站取得。茂德宣布破产的时间是 2012 年 3 月，如果您当时有看过财报，应该可以比市场上其他投资人提前 11 个月采取行动，例如赶快卖出可能破产公司的股票。笔者个人不建议您放空，因为万一该公司成功取得大笔新的资金，让公司的“气”变长了，那您放空的部位就会被轧空哦。

同理，力晶 2011 年的年度财务报表会在 2012 年 4 月公布，而该公司第一次宣布破产日期是 2012 年 12 月；胜华科技 2013 年的年报在 2014 年 4 月可以取得，而它在 2014 年 11 月宣布破产。如果您有阅读财务报表的习惯，就可以提早预判出这些公司的状况，相对于市场上其他投资人，获得了 7 个月以上的时间优势。

由上述简单的分析可以看到，财务报表虽然不是万能的，却有趋吉避凶的大功能喔！

A2 第二个“比气长”指标：现金与约当现金占总资产的比率

现在您已经学会第一个“比气长”指数：大于 100 / 100 / 10。但这个指数是从理论中创造出来的，有一定的局限性，所以只看这个指标不够。接下来要为大家介绍第二个“比气长”的指数：现金与约当现金占总资产的比率。

这个比率究竟应该多大才比较好，笔者认为没有绝对的答案，但是我们可以通过大量观察好公司的资金配置，来看看这些世界一等一的财务总监如何安排现金部位，然后归纳出这些好公司对现金部位控管的共通性。

图 2-8 所示的 6 家不错的公司都来自不同行业，您有没有发现，它们的“现金与约当现金占总资产”百分比都相当高呢？

需要大量资本支出的行业尤其如此。以 2015 年年报的资料为例，光电业的大立光与半导体业的台积电，两家公司的现金与约当现金占总资产比率都在 30% 以上；而资本支出需求比较小的公司（例如中碳），现金与约当现金占总资产的比率也大约有 12%。

用归纳的原则来看这 6 家财务稳健的好公司，可以发现现金与约当现金最好占公司总资产的 25%，最少也应该大于总资产的 10%。

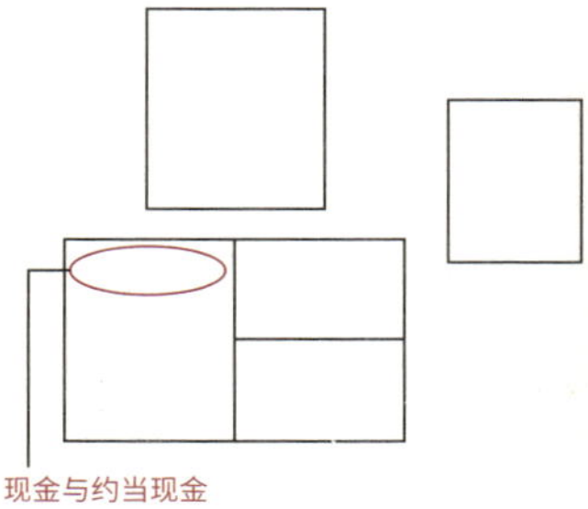

年度	2013 年	2014 年	2015 年
大立光（3008）	34.97%	39.5%	46.7%
台积电（2330）	19.21%	24%	34%
中碳（1723）	6.16%	12.6%	12.6%
统一超（2912）	25.16%	24.99%	25.72%
巨大（9921）	13.45%	14.32%	17.1%
鸿海（2317）	30.01%	27.6%	28.5%

资料来源：公开资讯观测站

图 2-8　好公司的现金与约当现金占总资产的比率

为什么呢？除了前面笔者提到的股神巴菲特在预立遗嘱中保留了10%现金的观念之外，最重要的原因是“现金为王”的观念。尤其在经历了2009年的金融海啸事件之后，大家发现，只要手上保有一定比例的现金，不论何时都可以买下想要的资产；但满手资产的公司或个人，却不一定能在危急时换成现金以维持生活。

2008年、2009年这两年间，全球有数万家公司倒闭了。这些倒闭公司的账上还有很多资产，却来不及换成现金活下来，主要原因有两个：

1. 多数银行当时是“泥菩萨过河，自身难保”，根本没有心力贷款给企业渡过难关。

2. 因为大家过度恐慌，导致原本想买这些公司资产的买家在看到经济有回暖的迹象之前，都不敢贸然出手，导致这些满手资产的中小企业或是大型企业，最后一个接着一个倒闭。

所以现金非常重要，您可以把一家公司的现金比例想象成一个人的“心脏”。手上没有现金的企业就像是一个人宣称自己体检的所有数据都很健康，但是心脏却不会动了一样。

因此，一家值得我们投资的好公司，不论属于什么行业，现金与约当现金应该占总资产的10%~25%，才是最健康（气较长）的状态。

接下来，我们看看几家已经退市的公司的财务报表。由图2-9可以看出，任何一家“气不长”的公司，有很大一部分原因是该公司的现金与约当现金占总资产比率偏低，皆不到10%。茂德与力晶的现金与约当现金，在破产前最后一年占总资产不到3%。而且这两家公司都属于高度资本密集的行业（“中翻中”叫“烧钱的行业”），手上却没有足够的现金，所以一旦遇到经济反转，很容易阴沟里翻船，即使是几万人规模的公司，一样说倒就倒。

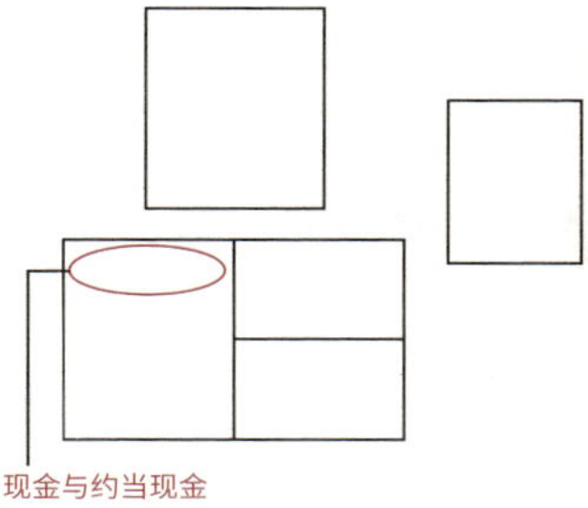

年度	财务危机3年前	财务危机2年前	财务危机1年前	
茂德 5387	0.4%	0.28%	2.47%	**2012.03 发生财务危机**
力晶 5346	1.95%	3.21%	1.4%	**2012.12 发生财务危机**
胜华 2384	8.83%	6.69%	8.61%	**2014.11 发生财务危机**

图 2-9　坏公司的现金与约当现金占总资产比率的特性

而胜华科技的现金与约当现金占总资产的比率在最后三年平均只有 8%，最后很可惜，一家员工总人数超过两万人的大公司也一样宣布破产了。

所以笔者才会在前面特别提醒大家：不论是什么行业的公司，为了让公司的“气”比其他竞争者长，现金与约当现金占总资产的比例应该介于 10% ~25%。如果您投资的那家公司属于资本密集（烧钱）的行业，现金与约当现金占总资产的比例最好要高于 25%。您可以顺便对比一下前面提到的台积电（半导体业是烧钱的行业）的现金与约当现金约占总资产的 34%；大立光（也是烧钱的行业）的现金与约当现金约占总资产的 47%，也是同样的道理：资本密集（烧钱）的公司，手上现金当然是越多越好。

A3 第三个“比气长”指标：平均收现日数

当然，这是笔者通过阅读大量国内外上市公司财务报表后观察到的一些共通现象。而有些公司或行业确实不愿意留这么多现金，这时该怎么办呢？

就如同前面提到的，判断一家公司是否“气长”有三个重要指标。除了前面提到的 100 / 100 / 10 概念，以及 10% ~25% 这两种指标外，还有第三个指标：看看这家公司在日常经营中，是否都是向客户收取现金？

这个指标您可以从五大财务比率分析中“经营能力”的“平均收现日数”看出来。

一般来说，只要平均收现日数小于 15 天，便可以将它解读为这是一个做生意收现金的行业。为什么这个指标小于 15 天就算是收现金的行业呢？因为刷卡消费有时需要经过 1~2 周，信用卡发卡公司或银行机构才会把消费者刷卡的钱转给企业。

那什么行业是收现金的行业呢？例如 B2C（企业对个人）行业的便利商店、百货公司、铁路运输及航空等交通事业；或是 B2B（企业对企业）的行业，它们的产品价格波动很大（一日三市），需要采用现金交易，例如原物料的金、银、铜、铁、石油、农产品，或是 DRAM（存储芯片产业）等行业。参考图 2-10 的三家公司财务报表，便能看出这种特性。

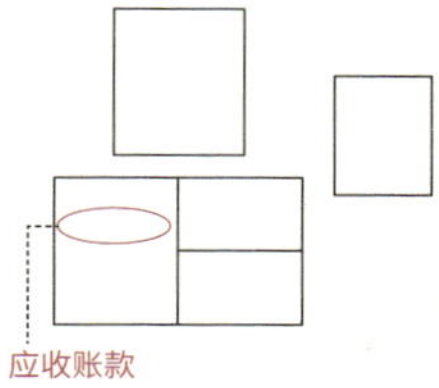

统一超 2912	2013 年	2014 年	2015 年
	7.38 天	7.29 天	7.5 天

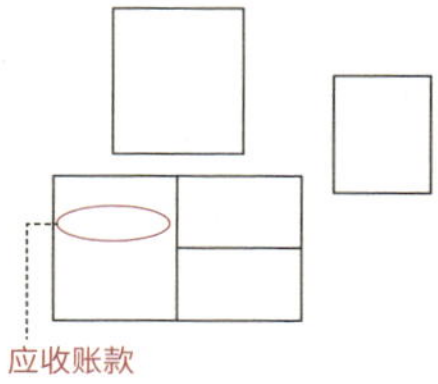

中钢 2002	2013 年	2014 年	2015 年
	8.3 天	14.2 天	13.8 天

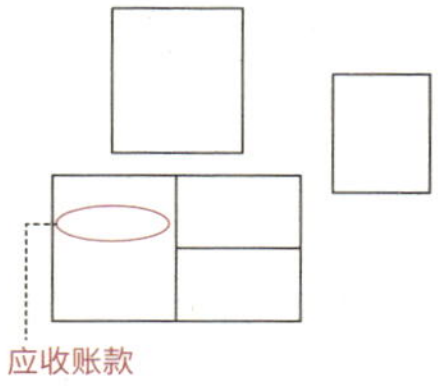

网路家庭 8044	2013 年	2014 年	2015 年
	8.35 天	6.36 天	5.35 天

图 2-10　收现金行业的平均收现日数

判断“比气长”的优先级

到这里为止，您已经学会了现金流量“比气长，越长越好”的观念，也知道要看三组重要的数字。我们先来综合复习现金流量“比气长，越长越好”的三个关键指标：

A1 “大于 100 / 100 / 10”的观念，数字越大越好。

A2 现金与约当现金占总资产的比率介于 10% ~25%。不论您投资的公司是属于什么行业，都应该介于这个水平。如果您投资的公司属于资本密集（烧钱）的行业，这个比例应该比 25% 更高。

Ⓐ3 如果您投资的公司还是天天收现金的行业，那就更棒了。

但是，应该很少有公司可以同时满足这三个条件吧？如果无法一次满足这三个条件，三者的优先级应该是什么？如果您心中浮现上述疑惑，恭喜您，这代表您已经完全掌握这个章节的重点了！

您的疑惑完全正确，在真实的商务世界中，罕有公司能同时拥有这三个“比气长”的关键数字。在财务报表的运用上，我们的优先级是：

Ⓐ2 优于 Ⓐ3，Ⓐ3 优于Ⓐ1

手上有现金最好，所以Ⓐ2是一家公司“气最长”的保证。

万一手上没有这么多现金，但是公司天天收现金，同样很不错，所以Ⓐ3是“气最长”次要优先的指标。

大于 100 / 100 / 10 是理论上一家公司“气长”的指标。但这些数字（100 / 100 / 10）就像是一般人的体检报告数字一样，参考价值居多，实际运用上并不那么重要；毕竟体检报告数字很好，不代表我们的身体一定好。所以笔者把这个 100 / 100 / 10 的指标放在最后再考量，能符合最好，不符合也没关系，只要这家公司手上有很多现金，这家公司“气”就会比其他公司长。

所以，虽然您阅读财务报表的顺序如图 2-11 所示，是Ⓐ1 → Ⓐ2→ Ⓐ3，但三个指标的重要性则是Ⓐ2 > Ⓐ3 >Ⓐ1 。如果这三个指标合计是 100 分，我会这样给分：

- 符合指标Ⓐ2，给 70 分。
- 符合指标Ⓐ3，给 20 分。
- 符合指标Ⓐ1，再加上 10 分。

换句话说，如果一家公司只符合指标Ⓐ2，其他指标都不符合，还是具有70%的“比气长”能力；如果同时符合指标Ⓐ2与Ⓐ3，则拥有90%以上的“比气长”能力；如果三个指标都符合，那这家公司的“比气长”能力指数就是满分啦！

五大财务比率分析的资料来源：http://ppt.cc/MvMW
现金流量表的资料来源：http://ppt.cc/yoeAg

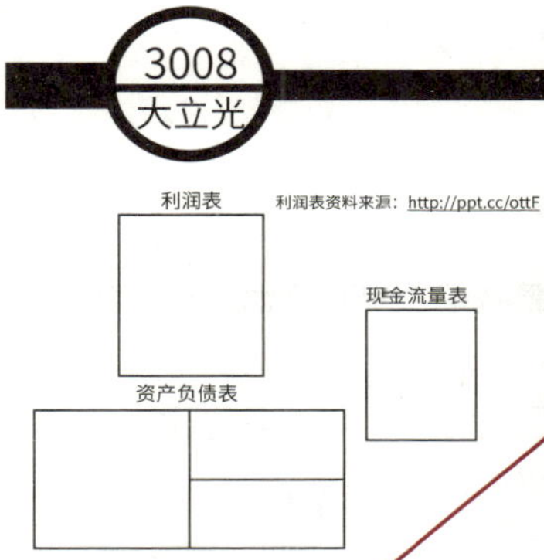

资产负债表资料来源：http://ppt.cc/gfVFN

年份→	2013	2014	2015
现金与约当现金（占总资产 Ⓐ2	34.97	39.5	46.7
应收账款（占总资产%	17.07	21.3	13.3
存货（占总资产%）	6.97	5.8	4.4
流动资产（占总资产	69.43	73.4	73.2
总资产（占总资产%）	100	100	100
应付账款（占总资产%）	6.49	8.2	3.4
流动负债（占总资产%）	20.97	24.2	24.4
长期负债（占总资产%）	0.19	0.12	0.1
股东权益（占总资产%）	78.84	75.7	75.5
总负债+股东权益(占总资产%)	100	100	100

介于10%~25%最好

类别	财务比率 年份	2013	2014	2015
财务结构	负债占资产比率（%）	21.15	24.33	24.53
	长期资金占不动产/厂房及设备比率（%）	310.65	337.2	315.48
偿债能力	流动比率（%）	331.1	303.11	299.6
	速动比率（%）	296.42	278.49	280.68
经营能力 Ⓐ3	应收款项周转率（次）	4.1	4.54	4.49
	平均收现日数	89.02	80.39	81.29
	存货周转率（次）	5.54	6.83	6.55
	存货周转天数（平均在库天数）	65.88	53.44	55.72
	不动产/厂房及设备周转率（次）	2.8	3.9	3.3
	总资产周转率（次）	0.71	0.92	0.77
获利能力	资产报酬率（%）RoA	27.53	39.01	33.31
	权益报酬率（%）RoE	35.95	50.72	44.09
	税前纯益占实收资本比率（%）	857.37	1711.9	2,173.8
	营业毛利率（%）①	47.25	53.52	57.38
	营业利益率（%）②	39.3	45.99	49.5
	经营安全边际率%=②/①越大越好	83.17	85.93	86.27
	纯益率（%）=净利率	35.03	42.43	43.24
	每股盈余（元）	71.64	144.91	180.08
	税后净利 单位：百万元	9,610	19,438	24,157
现金流量	现金流量比率（%）Ⓐ1	139.56	133.18	142.45
	现金流量允当比率（%）	144.25	171.43	202.16
	现金再投资比率（%）	24.33	29.27	30.78

天天收现金也不错 < 15天

> 100%
> 100%
> 10%

	2013	2014	2015
营业活动现金流量（from 利润表） 单位：百万元	11,300	19,688	29,241
投资活动现金流量（from B/S 左边）单位：百万元	(5,160)	(5,472)	(7,199)
理财活动现金流量（from B/S 右边）单位：百万元	(2,302)	(3,719)	(6,870)

图 2-11 “比气长”三大指标的阅读顺序

时事解析（一）：乐升科技

乐升科技的新闻在 2016 年下半年被炒得沸沸扬扬。我们暂时不管这家公司发生的事情，纯粹从财务报表（详见图 2-12）的角度来分析。如果我们手上有 100 万元的闲钱可以投资股市，应不应该投资这家公司呢？

3662
乐升科技

五大财务比率分析的资料来源：http://ppt.cc/MvMW
现金流量表的资料来源：http://ppt.cc/yoeAg

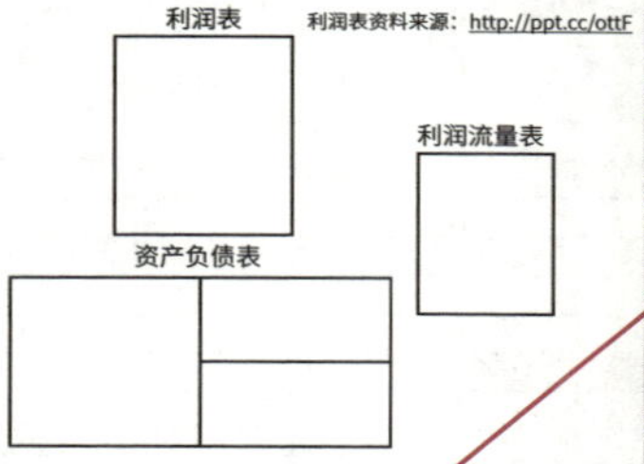

资产负债表资料来源：http://ppt.cc/gfVFN

年份→	2013	2014	2015
现金与约当现金（占总资产 (A2)	31.45	15.89	7.39
应收账款（占总资产 %）	20.17	6.04	7.8
存货（占总资产 %）	0	0	0.23
流动资产（占总资产 %）	70.12	33.89	53.03
总资产（占总资产 %）	100	100	100
应付账款（占总资产 %）	0.02	0.08	0.22
流动负债（占总资产 %）	18.27	16.68	34.76
长期负债（占总资产 %）	1.07	5.66	2.71
股东权益（占总资产 %）	80.66	77.66	62.53
总负债+股东权益(占总资产 %）	100	100	100

类别	财务比率 年份	2013	2014	2015
财务结构	负债占资产比率（%）	19.34	22.34	37.47
	长期资金占不动产 / 厂房及设备比率（%）	5,951.66	9,596.1	5,537
偿债能力	流动比率（%）	383.82	203.21	152.57
	速动比率（%）	377.92	190.02	150.02
经营能力 (A3)	应收款项周转率（次）	0.8	1.86	3.75
	平均收现日数	456.25	196.23	97.33
	存货周转率（次）	0	0	71.13
	存货周转天数（平均在库天数）	NA	NA	5.13
	不动产 / 厂房及设备周转率（次）	1,557.83	19.63	19.28
	总资产周转率（次）	21.39	0.22	0.29
获利能力	资产报酬率（%）RoA	3.11	8.93	7.87
	权益报酬率（%）RoE	3.86	10.94	11.09
	税前纯益占实收资本比率（%）	10.44	37.01	59.06
	营业毛利率（%）①	49.49	54.93	64.05
	营业利益率（%）②	2.14	22.64	34.89
	经营安全边际率 %= ② / ① 越大越好	4.32	41.22	54.47
	纯益率（%）= 净利率	10.35	39.57	26.17
	每股盈余（元）	1.00	3.55	3.83
	税后净利 单位：百万元	56	376	575
现金流量	现金流量比率（%） (A1) > 100%	0	122.04	(2.05)
	现金流量允当比率（%） > 100%	11.88	207.38	142.18
	现金再投资比率（%） > 10%	(1.00)	81.2	(8.87)

营业活动现金流量（from 利润表） 单位：百万元	(667)	1,133	(69)
投资活动现金流量（from B/S 左边）单位：百万元	(54)	(3,080)	(1,833)
理财活动现金流量（from B/S 右边）单位：百万元	1,422	1,787	1,707

图 2-12　乐升科技 2015 年财务报表

此时，您可以根据上述三个“比气长”指标进行分析，并根据前面笔者建议给A1、A2、A3的配分，做成和表 2-1 类似的图表进行分析，您在分析时心里就会有个基准了。接下来我们将其作为范例，带大家简单分析一下。

表 2-1　乐升科技的“比气长”能力分析

<table>
<tr><th colspan="6">现金流量 = “比气长，越长越好”</th></tr>
<tr><th></th><th>指标内容</th><th>2015 年年报</th><th>指标重要性</th><th>您会给几分？</th><th>“比气长”指标综合判断</th></tr>
<tr><td>A1</td><td>是否＞100／100／10</td><td>（2.05）／142.18／（8.87）</td><td>10 分</td><td>5 分</td><td rowspan="4">这家公司不值得长期投资，但是否值得短线操作，不在本书分享的范围，请自行判断哦！</td></tr>
<tr><td>A2</td><td>现金 10%～25%（资本密集行业要＞25%）</td><td>7.39%</td><td>70 分</td><td>20 分</td></tr>
<tr><td>A3</td><td>平均收现日数（是否收现金）</td><td>97 天</td><td>20 分</td><td>10 分</td></tr>
<tr><td colspan="2">综合评分</td><td colspan="3">35 分</td></tr>
</table>

A1 现金流量相关比率，是否大于 100／100／10？

这个指标的重要性是 10 分。笔者的个人见解是，乐升在这个指标的表现不佳，起伏很大、时好时坏，所以只能拿到 5 分。

Ⓐ2 公司手上的现金是否充足？最好介于 10%~25%。

这个指标的重要性是 70 分，而且 10%~25% 只是基本要求，如果该公司属于资本密集（烧钱）的行业，现金与约当现金占总资产比率最好大于 25%。

2015 年底，乐升的现金存量为 7.39%，实在偏低。再者，乐升的“总资产周转率”为 0.29，小于 1，代表它属于资本密集的行业（相关观点将于第三章介绍），需要大量资金（烧钱）。当一家公司手上的现金只有 7.39%，同时又在资本密集行业中发展，真的很危险！因此，这个指标笔者只会给乐升 20 分。

Ⓐ3 这家公司能否天天收现金？平均收现日数 < 15 天。

这个指标的重要性是 20 分。如果公司手上没有足够的现金，那至少要能天天收现金。乐升的收现天数为 97 天，没有小于 15 天，不是收现金的生意模式，属于一般 B2B 的行业。既然如此，这个指标笔者只会给乐升 10 分。

综合以上分析，乐升在“比气长，越长越好”的Ⓐ1、Ⓐ2、Ⓐ3 三个指标中，分数合计是 35 分，但满分可是 100 分！所以，如果我手上有 100 万元的资金可以投资，当然会跳过这家公司。千万不要拿自己的钱开玩笑，放在一家“气不长”的公司。

时事解析（二）：复兴航空

为了让大家了解如何解析时事，对发生过停飞事件的复兴航空公司，笔者特地将它 2013—2015 年的财务报表整理出来（如图 2-13 所示）。

根据台湾地区法规要求，所有上市上柜公司的前一年度财务报表，需于隔年4月前完成对外正式公告。也就是说，最晚在2016年4月30日，您就可以在台湾的公开资讯观测站取得兴航2015年的财务报表年报资料。

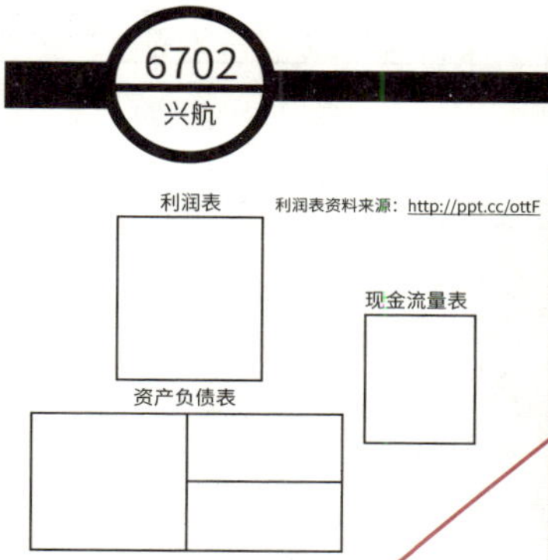

五大财务比率分析的资料来源：http://ppt.cc/MvMW
现金流量表的资料来源：http://ppt.cc/yoeAg

资产负债表资料来源：http://ppt.cc/gfVFN

年份→	2013	2014	2015
现金与约当现金（占总资产 A2	17.67	17.04	10.83
应收账款（占总资产 %	1.68	1.65	1.67
存货（占总资产 %）	3.32	2.69	2.88
流动资产（占总资产	3.51	24.03	19.58
总资产（占总资产 %	100	100	100
应付账款（占总资产 %）	1.26	0.91	1.03
流动负债（占总资产 %）	20.00	17.10	30.63
长期负债（占总资产 %）	44.53	50.78	41.76
股东权益（占总资产 %）	35.47	32.12	27.61
总负债+股东权益(占总资产 %)	100	100	100

介于10%~25%最好

类别	财务比率　　年份	2013	2014	2015
财务结构	负债占资产比率（%）	64.53	37.88	72.39
	长期资金占不动产/厂房及设备比率（%）	152.59	137.53	110.73
偿债能力	流动比率（%）	167.51	140.53	63.91
	速动比率（%）	97.35	114.39	47.77
经营能力	应收款项周转率（次）	33.97	31.37	23.32
	A3 平均收现日数	10.74	11.63	15.65
	存货周转率（次）	NA	NA	NA
	存货周转天数（平均在库天数）	NA	NA	NA
	不动产/厂房及设备周转率（次）	1.18	1.03	0.68
	总资产周转率（次）	0.59	0.57	0.42
获利能力	资产报酬率（%）RoA	1.32	1.96	(3.82)
	权益报酬率（%）RoE	1.82	3.91	(15.32)
	税前纯益占实收资本比率（%）	2.7	7.63	(19.83)
	营业毛利率（%）①	6.1	12.73	(11.57)
	营业利益率（%）②	(3.24)	3.03	(23.56)
	经营安全边际率 %=②/①越大越好	负数无意义	23.8	负数无意义
	纯益率（%）=净利率	1.09	2.31	(10.92)
	每股盈余（元）	0.24	0.55	(1.83)
	税后净利 单位：百万元	133	305	(1,156)
现金流量	现金流量比率（%）	61.26	46.58	(12.73)
	现金流量允当比率（% A1	190.98	75.86	43.21
	现金再投资比率（%）	11.27	7.29	(7.73)

天天收现金也不错 < 15天

> 100%
> 100%
> 10%

	2013	2014	2015
营业活动现金流量（from 利润表） 单位：百万元	2,547	2,043	(969)
投资活动现金流量（from B/S 左边） 单位：百万元	(4,191)	(5,047)	(1,560)
理财活动现金流量（from B/S 右边） 单位：百万元	4,406	3,569	763

图2-13　复兴航空2015年财务报表

您无法预测之后会发生全面停飞事件，但您现在已经拥有“比气长”的财务观念了。假设您的手上刚好有100万元可供投资，请问当时的您会投资兴航吗？如果您依照表2-1的格式，进行“比气长”的指标解析练习，相信您心中就有底了。

表 2-2 复兴航空的“比气长”能力分析

现金流量 = “比气长，越长越好”					
	指标内容	2015 年年报	指标重要性	您会给几分?	比气长指标综合判断
Ⓐ1	是否 > 100 / 100 / 10		10 分		
Ⓐ2	现金 10% ~ 25%（资本密集行业要 > 25%）		70 分		
Ⓐ3	平均收现日数（是否收现金）		20 分		
综合评分					

永远记住一个重要的观念：投资理财是为了让我们早日达成财务自由，享受生活。所以投资一家公司时，一定要看财务报表，而且第一个要看的指标就是“比气长，越长越好”。因为我们要找的投资标的，应该是 10 年、20 年甚至 30 年之后最有可能还存活的公司，只有这样的公司才值得我们长期投资。

实战分析练习

接下来，请您自行练习，分析以下 32 家公司的财报，看看哪些公司具备“比气长，越长越好”的性质。再次提醒您，投资股票一定要优先选出“气长”的公司，如果公司的“气不长”，其他都不重要，因为我们投资的公司将有可能倒闭，我们投下去的钱将全部归零了喔！

表 2-3　现金流量分析练习

公司名称 股票代号		指标Ⓐ 现金流量 = “比气长，越长越好”			您觉得自己投资之后，这家公司的“气长不长”呢？（满分 100 分）
		重要性 10 分	重要性 70 分	重要性 20 分	
		Ⓐ1 > 100 / 100 / 10	Ⓐ2 现金与约当现金占总资产比率是否介于 10% ~25%	Ⓐ3 天天收现金？平均收现日数 < 15 天	
01	大立光 3008				
02	台积电 2330				
03	中碳 1723				
04	茂德 5387				
05	力晶 5346				
06	胜华 2384				
07	佳格 1227				

（续表）

公司名称 股票代号		指标Ⓐ 现金流量 = “比气长，越长越好” 重要性 10 分 Ⓐ1 > 100 ／ 100 ／ 10	重要性 70 分 Ⓐ2 现金与约当现金占总资产比率是否介于 10% ~25%	重要性 20 分 Ⓐ3 天天收现金？平均收现日数 < 15 天	您觉得自己投资之后，这家公司的“气长不长”呢？（满分 100 分）
08	联钧 3450				
09	为升 2231				
10	日升 8341				
11	中兴保全 9917				
12	神基科技 3005				
13	宝成工业 9904				
14	台数科 6464				
15	巨大 9921				
16	恒大 1325				

（续表）

公司名称 股票代号		指标Ⓐ 现金流量 = “比气长，越长越好”			您觉得自己投资之后，这家公司的“气长不长”呢？（满分 100 分）
		重要性 10 分	重要性 70 分	重要性 20 分	
		Ⓐ1 > 100 / 100 / 10	Ⓐ2 现金与约当现金占总资产比率是否介于 10% ~25%	Ⓐ3 天天收现金？平均收现日数 < 15 天	
17	邦特生技 4107				
18	可宁卫 8422				
19	帆宣科技 6196				
20	台达电 2308				
21	帝宝 6605				
22	新光保全 9925				
23	中华电信 2412				
24	旭隼 6409				
25	万洲化学 1715				

（续表）

公司名称 股票代号		指标Ⓐ 现金流量＝“比气长，越长越好”			您觉得自己投资之后，这家公司的“气长不长”呢？（满分100分）
		重要性10分	重要性70分	重要性20分	
		Ⓐ1 ＞100／100／10	Ⓐ2 现金与约当现金占总资产比率是否介于10%~25%	Ⓐ3 天天收现金？平均收现日数＜15天	
26	剑麟 2228				
27	数字科技 5287				
28	卜蜂 1215				
29	振桦电 8114				
30	统一超 2912				
31	鸿海 2317				
32	中钢 2002				

※投资一定有风险，股票投资有赚有赔，买股前请详阅公开说明书（财务报表）。

Chapter

3

从经营能力破解
公司做生意真本事

有了最重要的“比气长”观念之后，接下来我们来看看：所投资的公司是不是拥有经营能力?

请参考图 1-9“公开资讯观测站的财报资料”的经营能力，它的中翻中就是“翻台率，越高越好”。

还记得我们在第一章里提到，甲餐厅与乙餐厅中午翻台率的故事吗?翻台率越高越好!

其中，桌子是餐厅的资产，换句话说，一家公司的经营能力好不好，要看这一家公司的资产，一年帮公司做了几次生意——当然是越多越好。

那么请您想想，一家公司的资产会在什么地方出现呢?答案就在资产负债表。

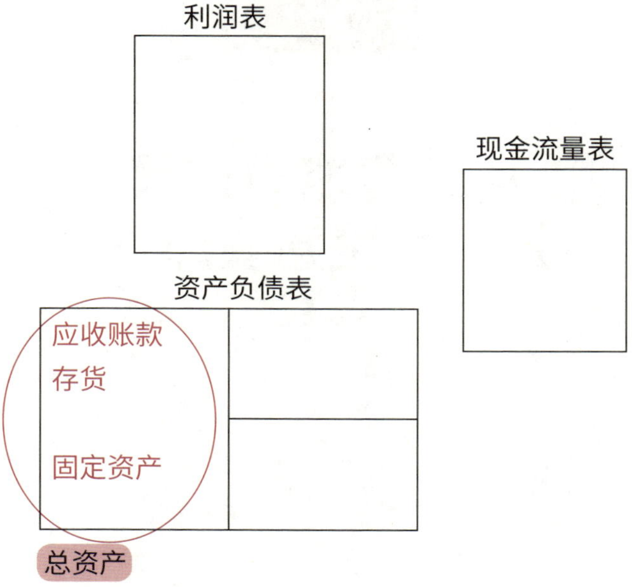

图 3-1　资产负债表中的关键资产

其中最重要的几个资产（这些资产一年能帮公司做几次生意），分别是应收账款、存货、固定资产、总资产，在资产负债表中的位置如图 3-1 所示。

所以，要判断一家公司的经营能力，就是要看这些资产一年帮公司做了几次生意。

应收账款周转率

我们先来看看应收账款周转率的定义*。这个指标主要是说明：应收账款这个资产，一年帮公司做了几次生意，次数越多越好。它在财务报表的位置请参考图 3-2。

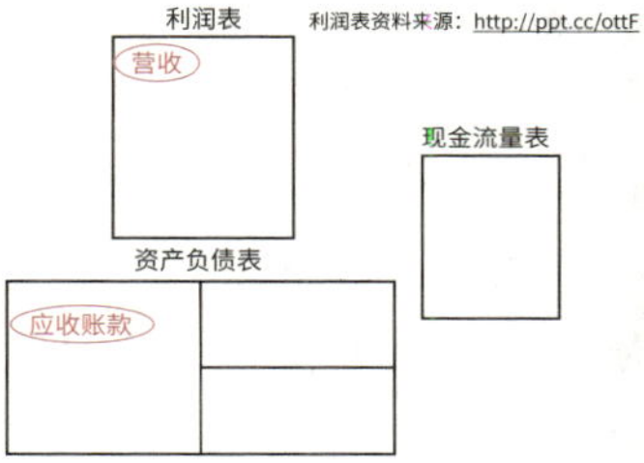

资产负债表资料来源：http://ppt.cc/gfVFN

年份→	2013	2014	2015
现金与约当现金（占总资产 %）	34.97	39.5	46.7
应收账款（占总资产 %）	17.07	21.3	13.3
存货（占总资产 %）	6.97	5.8	4.4
流动资产（占总资产 %）	69.43	73.4	73.2
总资产（占总资产 %）	100	100	100
应付账款（占总资产 %）	6.49	8.2	3.4
流动负债（占总资产 %）	20.97	24.2	24.4
长期负债（占总资产 %）	0.19	0.12	0.1
股东权益（占总资产 %）	78.84	75.7	75.5
总负债 + 股东权益(占总资产 %)	100	100	100

类别	财务比率 年份	2013	2014	2015
财务结构	负债占资产比率（%）	21.15	24.33	24.53
	长期资金占不动产 / 厂房及设备比率（%）	310.65	337.2	315.48
偿债能力	流动比率（%）	331.1	303.11	299.6
	速动比率（%）	296.42	278.49	280.68
经营能力	应收款项周转率（次）	4.1	4.54	4.49
	平均收现日数	89.02	80.39	81.29
	存货周转率（次）	5.54	6.83	6.55
	存货周转天数（平均在库天数）	65.88	53.44	55.72
	不动产 / 厂房及设备周转率（次）	2.8	3.9	3.3
	总资产周转率（次）	0.71	0.92	0.77
获利能力	资产报酬率（%）RoA	27.53	39.01	33.31
	权益报酬率（%）RoE	35.95	50.72	44.09
	税前纯益占实收资本比率（%）	857.37	1711.9	2,173.8
	营业毛利率（%）①	47.25	53.52	57.38
	营业利益率（%）②	39.3	45.99	49.5
	经营安全边际率 %= ② / ① 越大越好	83.17	85.93	86.27
	纯益率（%）= 净利率	35.03	42.43	43.24
	每股盈余（元）	71.64	144.91	180.08
	税后净利 单位：百万元	9,610	19,438	24,157
现金流量	现金流量比率（%）	139.56	133.18	142.45
	现金流量允当比率（%）	144.25	171.43	202.16
	现金再投资比率（%）	24.33	29.27	30.78
	营业活动现金流量（from 利润表） 单位：百万元	11,300	19,688	29,241
	投资活动现金流量（from B/S 左边） 单位：百万元	(5,160)	(5,472)	(7,199)
	理财活动现金流量（from B/S 右边） 单位：百万元	(2,302)	(3,719)	(6,870)

图 3-2 应收账款周转率在财务报表中的位置

接下来，我们根据 2015 年的年报资料，挑出 6 家指标性公司的应收账款周转率来作比较（见表 3-1）。

* 更完整的五大财务比率分析相关公式说明，请参考公开资讯观测站的“公式说明”页面。

表 3-1　6 家公司的应收账款周转率

单位：次数 / 年

	大立光 3008	台积电 2330	中碳 1723	统一超 2912	巨大 9921	鸿海 2317
应收账款周转率（次数）	4.49	8.37	11.6	48.67	5.32	6.52

资料来源：公开资讯观测站，2015 年年报资料。

如果用排名的方式来理解，“应收账款”这个资产的经营能力，6 家公司由高到低分别是：

统一超 48.67 ＞中碳 11.6 ＞台积电 8.37 ＞鸿海 6.52 ＞巨大 5.32 ＞大立光 4.49

通过这个简单的排名，您有没有发现一个非常有趣的现象？

只要是现金交易的行业，应收账款经营能力的表现通常会非常棒，这是因为它们都是用现金交易的，所以“应收账款”这项资产的金额会很少。例如我们生活中离不开的 7-11 便利商店，应收账款周转率（翻台率）高达 48.67 次。

另外，需求强劲的行业在应收账款经营能力上的表现也会相当出色，例如台湾的马路几乎天天都在整修，而修马路所需要的沥青、柏油来自中碳，因此该公司的应收账款周转率高达 11.6 次。

晶圆代工的台积电一年应收账款能做上 8.37 次的生意。这个数字背后代表的意义是晶圆代工这个行业的需求也是非常庞大。

一般说来，应收账款这个资产一年能做上 6 次生意就算是经营能力相当不错的公司，例如鸿海的数字是 6.52 次。当然，实际上应收账款周转率这个数字，在不同行业会明显不同。

简单来说，B2C（企业对个人）行业的公司，因为大部分都是向客户收现金，所以这一类公司应收账款周转率表现会相当优秀。而一般的 B2B（企业对企业）行业的公司，应收账款周转率大于 6 算是相当优秀。

另外，B2B 行业中，如果该公司的主要客户是政府机关，由于政府单位大多采用年度预算制，对企业而言，这种客户的应收账款是挺让人头疼的，通常一定会收得到款项，但是常常拖得非常久。所以大多数经营政府单位的上市上柜公司应收账款这个资产的经营能力就会比较弱。

正是因为不同行业类别的公司应收账款周转率的数字明显不同，所以财经领域学者创造出另一个更容易理解的指标——平均收现日数。

平均收现日数

这个指标相当简单，就是用 365 天除以应收账款周转率所得到的数字。通过这个简单的指标，投资人就可以一眼看出一家公司应收账款的整体经营管理水平。

“平均收现日数”的资料一样可以在公开资讯观测站的五大财务比率分析中“经营能力”一栏轻松取得，如图 3-3 中的红框所示。

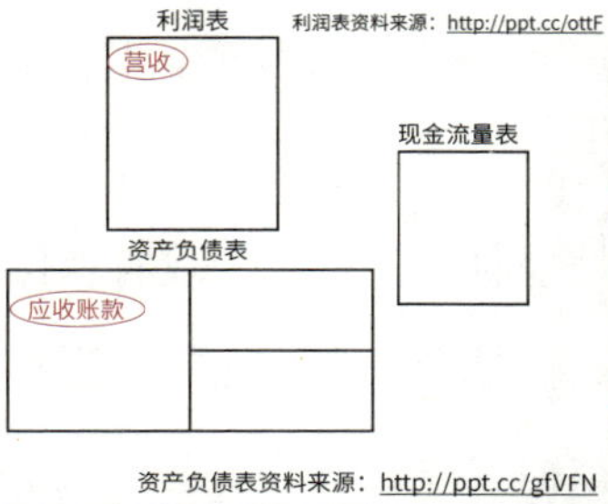

年份→	2013	2014	2015
现金与约当现金（占总资产%）	34.97	39.5	46.7
应收账款（占总资产%）	17.07	21.3	13.3
存货（占总资产%）	6.97	5.8	4.4
流动资产（占总资产%）	69.43	73.4	73.2
总资产（占总资产%）	100	100	100
应付账款（占总资产%）	6.49	8.2	3.4
流动负债（占总资产%）	20.97	24.2	24.4
长期负债（占总资产%）	0.19	0.12	0.1
股东权益（占总资产%）	78.84	75.7	75.5
总负债+股东权益(占总资产%)	100	100	100

类别	财务比率 \ 年份	2013	2014	2015
财务结构	负债占资产比率（%）	21.15	24.33	24.53
	长期资金占不动产/厂房及设备比率（%）	310.65	337.2	315.48
偿债能力	流动比率（%）	331.1	303.11	299.6
	速动比率（%）	296.42	278.49	280.68
经营能力	应收款项周转率（次）	4.1	4.54	4.49
	平均收现日数	89.02	80.39	81.29
	存货周转率（次）	5.54	6.83	6.55
	存货周转天数（平均在库天数）	65.88	53.44	55.72
	不动产/厂房及设备周转率（次）	2.8	3.9	3.3
	总资产周转率（次）	0.71	0.92	0.77
获利能力	资产报酬率（%）RoA	27.53	39.01	33.31
	权益报酬率（%）RoE	35.95	50.72	44.09
	税前纯益占实收资本比率（%）	857.37	1711.9	2,173.8
	营业毛利率（%）①	47.25	53.52	57.38
	营业利益率（%）②	39.3	45.99	49.5
	经营安全边际率%=②/①越大越好	83.17	85.93	86.27
	纯益率（%）=净利率	35.03	42.43	43.24
	每股盈余（元）	71.64	144.91	180.08
	税后净利 单位：百万元	9,610	19,438	24,157
现金流量	现金流量比率（%）	139.56	133.18	142.45
	现金流量允当比率（%）	144.25	171.43	202.16
	现金再投资比率（%）	24.33	29.27	30.78

营业活动现金流量（from 利润表） 单位：百万元	11,300	19,688	29,241
投资活动现金流量（from B/S 左边）单位：百万元	(5,160)	(5,472)	(7,199)
理财活动现金流量（from B/S 右边）单位：百万元	(2,302)	(3,719)	(6,870)

图 3-3　平均收现日数在财务报表中的位置

我们同样将之前 6 家公司的平均收现日数汇整至表 3-2。

表 3-2　6 家公司的平均收现日数

单位：天数

	大立光 3008	台积电 2330	中碳 1723	统一超 2912	巨大 9921	鸿海 2317
平均收现日数	81.29	43.6	31.46	7.5	68.6	55.98

资料来源：公开资讯观测站，2015 年年报资料。

从实际上来说，如果是 B2C 行业、采用现金或是接受信用卡刷卡交易的上市上柜公司，它们的平均收现日数通常会小于 15 天。例如在表 3-2 中，您可以看到统一超的平均收现日数是 7.5 天。因为一般信用卡机构拨款的日数是 7 到 14

天拨款给企业，所以只要平均收现日数小于 15 天，我们就可确定这家公司是采用现金交易的行业类别。除了 B2C 行业是采用现金交易，也有部分 B2B 行业采用现金交易，例如金、银、铜、石油等原物料与农产品的行业。

至于一般的 B2B 上市上柜公司，这些公司之间的业务往来，通常采用赊销的信用交易行为，所以平均收现日数稍长一些算是正常。不同行业间交易的状况略有差异，不过大都介于月结 60 天或是 90 天的时间。换句话说，一般台湾企业的平均收现日数应该在 60~90 天才属正常。

有了“一般来说，应收账款应该在 60~90 天变成现金”的生活常识之后，我们再来看看表 3-2 中各家公司的表现。

中碳的平均收现日数是 31.46 天，台积电的平均收现日数是 43.6 天，鸿海的平均收现日数是 55.98 天。这代表着，这 3 家公司收到客户的货款（变成现金）都比业界平均值（60~90 天）更早。也就是说，这 3 家公司的产品或服务都有过人之处，才会让它们的客户愿意提早给货款，以取得这些公司的产品或服务。作为投资人，这种状况暗示着我们可以花更多的时间和精力去关注这些拥有优异产品或服务的上市上柜公司。

巨大的平均收现日数是 68.6 天，算是排在平均值的前面。但大立光的平均收现日数是 81.29 天，用常识来判断，代表这家公司的应收账款管理能力还有很大的进步空间。

除了与各公司进行比较之外，财务报表的数字也可以自我比较，尤其是平均收现日数这个数字，需要看近五年的表现情况。一般公司如果经营稳健，平均收现日数会相当稳定，不会有太大起伏；如果每一年都能逐步改善，那就完美了。

看穿塞货假交易的诀窍

有一小部分心术不正的上市上柜公司老板，为了提高业绩（美化利润表的获利状况），常常会在海外开分公司以进行塞货的假交易，这个时候仔细观察平均收现日数的指标就相当重要。

进行假交易的时候，首先我们会在利润表上看到营收大幅增长，接着净利也会大幅增长。

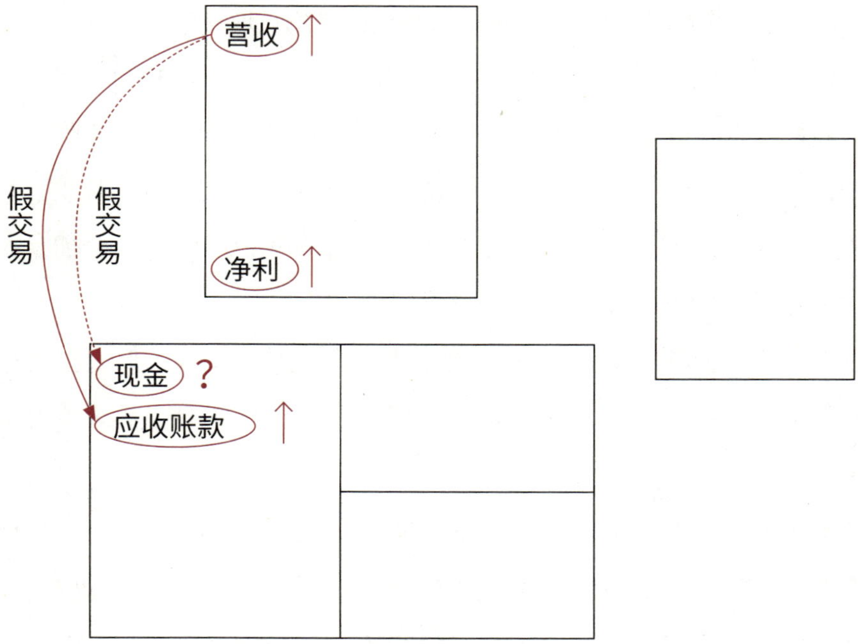

图 3-4　假交易会产生营收，但无法真正变成现金

但因为这些人工创造出来的营收都是源自海外“纸上公司”进行的假交易，所以销售出去的货款，无法真正变成现金回到公司。因此这家公司的“现金与约当现金”会计科目，并不会大幅增加。最后，为了符合借贷平衡的会计规则，这些假交易只能在“应收账款”这个会计科目上动手脚（如图 3-4 所示）。

因此心术不正、喜欢创造人工假收入的公司，其财务报表会有以下五项明显的特征：

1. 营收会有大幅增长的假象。

2. 税后净利也会大幅增长。

3. 现金并不会等比例地大幅增长，因为这些销售额都是假的。

4. 应收账款这个科目的金额会大幅增长。

5. 平均收现日数也会越拖越长。

也就是说，当您看到一家公司最近五个年度的平均收现日数不断变长，例如从 60 天变成 70 天、80 天，然后恶化到 100 天，这时候您应该提高警觉，好好思考：是不是这家公司有严重的做假账问题，或是有特殊的呆账问题？

一般正常经营公司的平均收现日数，通常都是相对稳定且上下波动不到 5%、经营能力表现更棒的公司，则会呈现逐步缩小的趋势。

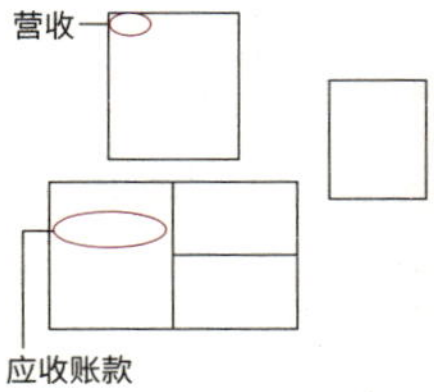

大立光 3008	2011 年	2012 年	2013 年	2014 年	2015 年
	68.48	92.63	89.02	80.39	81.29

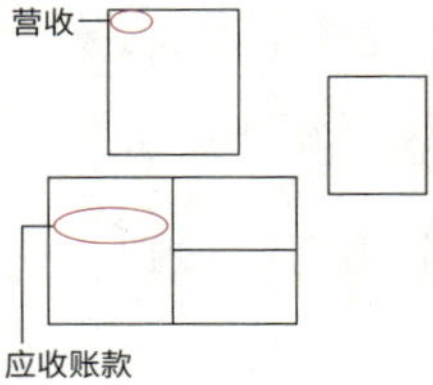

台积电 2330	2011 年	2012 年	2013 年	2014 年	2015 年
	35.09	33.15	40.06	44.95	43.60

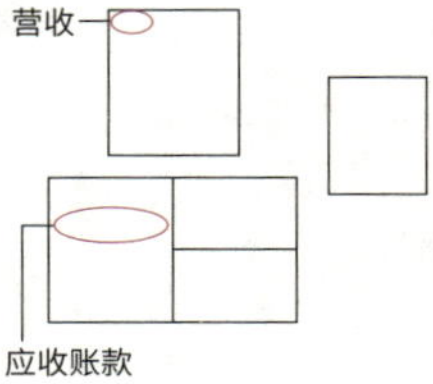

中碳 1723	2011 年	2012 年	2013 年	2014 年	2015 年
	25.17	26.83	28.74	26.25	31.46

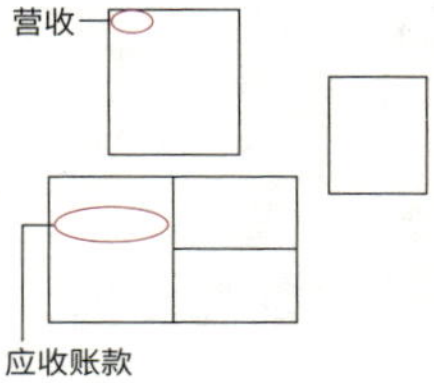

统一超 2912	2011 年	2012 年	2013 年	2014 年	2015 年
	N/A	N/A	7.38	7.29	7.5

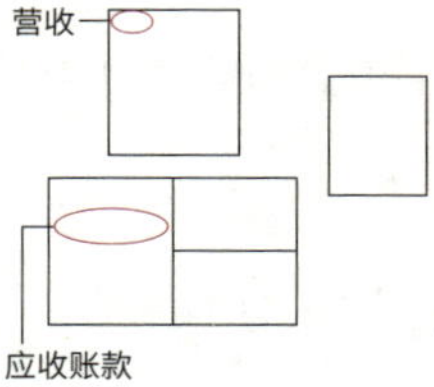

巨大 9921	2011 年	2012 年	2013 年	2014 年	2015 年
	87.11	82.57	70.19	66.12	68.60

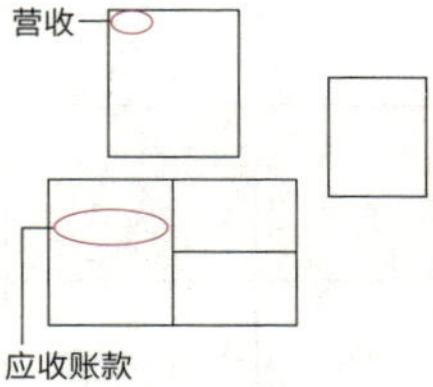

鸿海 2317	2011 年	2012 年	2013 年	2014 年	2015 年
	48.92	55.81	64.26	66.24	55.98

※ IFRS 于 2013 年全面导入，故 2011 / 2012 年各公司财报的数据不适用，列出来仅供参考，顺便提醒您要看五年的财报！

图 3-5　6 家公司近五年的平均收现日数

由图 3-5 的 6 家公司近五年平均收现日数可以看出，大部分经营稳定的公司，在这个指标的表现相对稳健，而且最近五年的波动幅度不会太大。应收账款经营能力表现好的公司会在平均收现日数方面呈现逐步缩小的趋势。

其中，中碳这家公司和一般人的认知不太一样。这是一家属于传统产业的公司，主要产品是柏油与沥青，但其应收账款收款能力表现相当优异，五年平均不到 30 天（虽然在 2015 年度有小幅衰退），甚至比绩优股台积电（最近五年的平均收现日数大约为 40 天）表现得更亮丽。

通过这些简单的分析，相信您现在对平均收现日数这一概念已经相当清晰了。

存货周转率

一家公司的经营能力，主要是看公司所拥有的资产，一年能够帮公司做几次生意，越多越好。除了前面所介绍的“应收账款”这个资产之外，公司拥有的做生意第二个重要的资产是“存货”。

这个指标会出现在公开资讯观测站五大财务比率分析的“经营能力”（翻台率，次数越多越好）区块中，它的公式与对应的立体财务报表位置如图 3-6 所示。

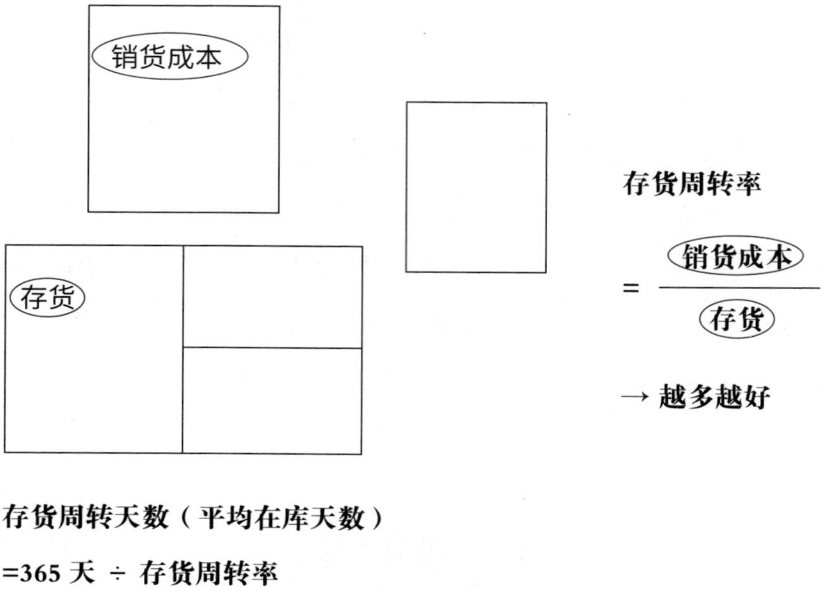

图 3-6　存货周转率与存货周转天数定义

图右边的是“存货周转率”的公式，代表存货这个资产一年帮公司做了几次生意，次数越多越好。

跟应收账款这个资产一样，存货周转率除了有次数越多越好的概念，还有一个“天数”概念，也就是所谓的存货周转天数（平均在库天数）。

存货周转天数指的是这些存货平均在公司的仓库待了多少天才卖出去。这个概念应该非常好理解，因为存货在仓库待的时间当然是天数越少越好：在库天数越短，代表该公司的产品越畅销。

这两个指标在公开资讯观测站五大财务比率分析的“经营能力”（翻台率，次数越多越好）区块中，如图 3-7 红框所示。

利润表资料来源：http://ppt.cc/ottF

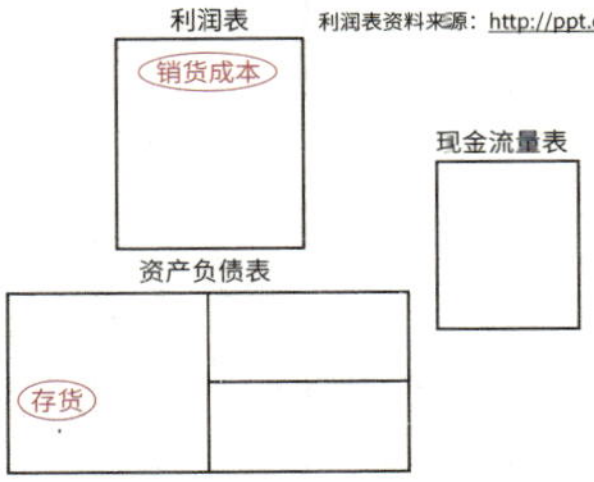

资产负债表资料来源：http://ppt.cc/gfVFN

年份→	2013	2014	2015
现金与约当现金（占总资产%）	34.97	39.5	46.7
应收账款（占总资产%）	17.07	21.3	13.3
存货（占总资产%）	6.97	5.8	4.4
流动资产（占总资产%）	69.43	73.4	73.2
总资产（占总资产%）	100	100	100
应付账款（占总资产%）	6.49	8.2	3.4
流动负债（占总资产%）	20.97	24.2	24.4
长期负债（占总资产%）	0.19	0.12	0.1
股东权益（占总资产%）	78.84	75.7	75.5
总负债+股东权益(占总资产%）	100	100	100

类别	财务比率　　年份	2013	2014	2015
财务结构	负债占资产比率（%）	21.15	24.33	24.53
	长期资金占不动产/厂房及设备比率（%）	310.65	337.2	315.48
偿债能力	流动比率（%）	331.1	303.11	299.6
	速动比率（%）	296.42	278.49	280.68
经营能力	应收款项周转率（次）	4.1	4.54	4.49
	平均收现日数	89.02	80.39	81.29
	存货周转率（次）	5.54	6.83	6.55
	存货周转天数（平均在库天数）	65.88	53.44	55.72
	不动产/厂房及设备周转率（次）	2.8	3.9	3.3
	总资产周转率（次）	0.71	0.92	0.77
获利能力	资产报酬率（%）RoA	27.53	39.01	33.31
	权益报酬率（%）RoE	35.95	50.72	44.09
	税前纯益占实收资本比率（%）	857.37	1711.9	2,173.8
	营业毛利率（%）①	47.25	53.52	57.38
	营业利益率（%）②	39.3	45.99	49.5
	经营安全边际率%=②/①越大越好	83.17	85.93	86.27
	纯益率（%）=净利率	35.03	42.43	43.24
	每股盈余（元）	71.64	144.91	180.08
	税后净利　单位：百万元	9,610	19,438	24,157
现金流量	现金流量比率（%）	139.56	133.18	142.45
	现金流量允当比率（%）	144.25	171.43	202.16
	现金再投资比率（%）	24.33	29.27	30.78
营业活动现金流量（from 利润表）　单位：百万元		11,300	19,688	29,241
投资活动现金流量（from B/S 左边）单位：百万元		(5,160)	(5,472)	(7,199)
理财活动现金流量（from B/S 右边）单位：百万元		(2,302)	(3,719)	(6,870)

图 3-7　存货周转率与存货周转天数在报表中的位置

接下来，通过整理财报的数据（如图3-8所示），我们简单分析6家公司在“存货”这个资产的个别经营能力。

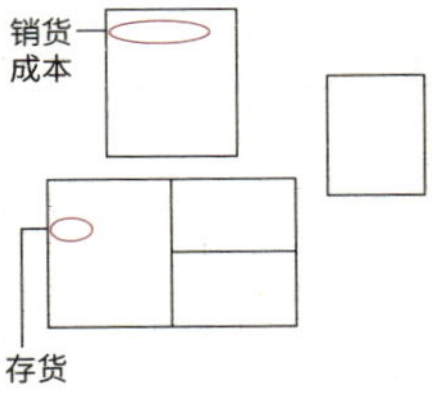

	经营能力	2011 年	2012 年	2013 年	2014 年	2015 年
大立光 3008	存货周转率（次数）	21.39	18.89	5.54	6.83	6.55
	存货周转天数（在库天数）	17.06	19.32	65.88	53.44	55.72

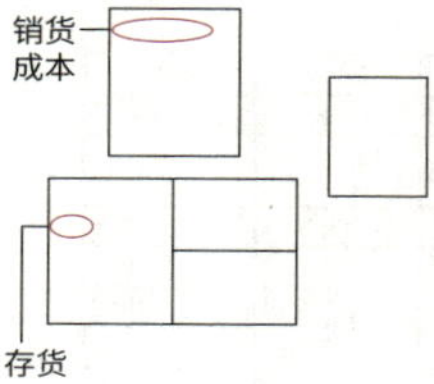

	经营能力	2011 年	2012 年	2013 年	2014 年	2015 年
台积电 2330	存货周转率（次数）	9.61	9.13	8.39	7.42	6.49
	存货周转天数（在库天数）	37.98	39.97	43.5	49.19	56.24

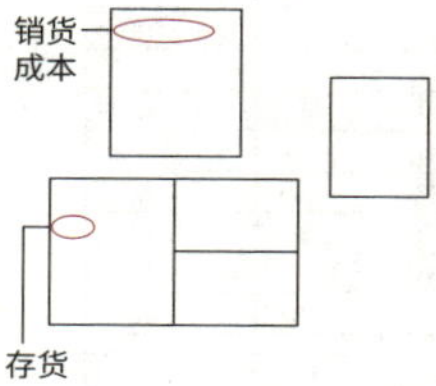

	经营能力	2011 年	2012 年	2013 年	2014 年	2015 年
中碳 1723	存货周转率（次数）	18.20	14.40	16	14.8	9.75
	存货周转天数（在库天数）	20.05	25.34	22.81	24.66	37.43

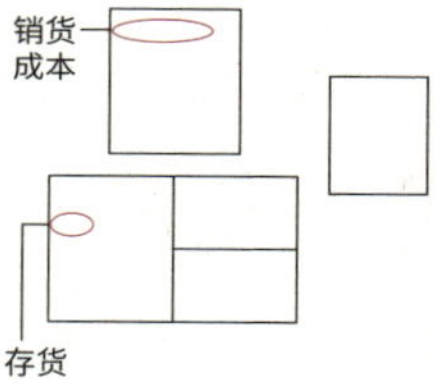

	经营能力	2011 年	2012 年	2013 年	2014 年	2015 年
统一超 2912	存货周转率（次数）	25.62	22.07	13.2	13.31	12.47
	存货周转天数（在库天数）	14.24	16.53	27.65	27.42	29.27

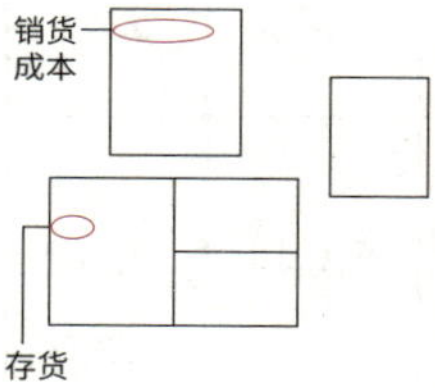

	经营能力	2011 年	2012 年	2013 年	2014 年	2015 年
巨大 9921	存货周转率（次数）	8.02	8.21	3.52	3.67	3.37
	存货周转天数（在库天数）	45.51	44.45	103.69	99.45	108.3

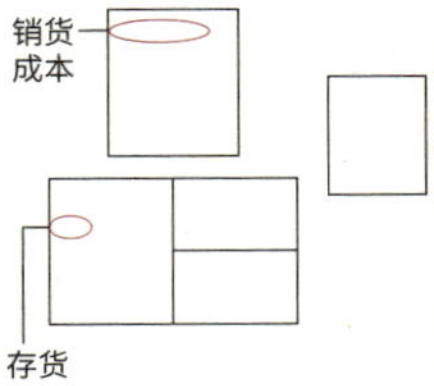

鸿海 2317	经营能力	2011 年	2012 年	2013 年	2014 年	2015 年
	存货周转率（次数）	21.62	26.28	10.57	10.89	9.86
	存货周转天数（在库天数）	16.88	13.88	34.53	33.51	37.01

※IFRS 于 2013 年全面导入，故 2011 / 2012 年各公司财报的数据不适用，列出来仅供参考，顺便提醒您要看 5 年的财报！

图 3-8　6 家公司的存货周转率与存货周转天数

●大立光的存货经营能力

由图 3-8 可以看出，大立光的存货周转率在 2013 年只有 5.54 次，逐步提升至 2015 年的 6.55 次，3 年之间存货的经营能力提升了 18%。也可以从大立光的存货周转天数（在库天数）由 2013 年的 65.88 天缩短到 2015 年的 55.72 天看到这一优异表现，此数据表现也与报纸杂志刊载的新闻相符合：大立光的光学镜头热销，营收逐步创新高。

●台积电的存货经营能力

台积电的存货周转率由 2013 年的 8.39 次降低到 2015 年的 6.49 次，呈现每年逐步下滑的趋势。另外，存货周转天数也由 2013 年的 43.5 天上升到 2015 年 56.24 天的在库天数。

如果是在一般的传统企业(产品推陈出新的速度与技术进步的速度比较缓慢）的分析表上看到这种数据，可判断该公司表现不佳，但这种存货管理逐步下滑的状况出现在台积电，就须从不同的角度来解释。

台积电属于高度资本密集的行业，且晶圆制程进步快速。在晶圆代工的行业中，一个完整的晶圆代工制造周期通常超过100天。所以遇到特殊的行业时，不能单纯看个别公司的数据表现，必须综合行业的平均表现作进一步的分析。

与晶圆代工行业制程（从原料投入到产品完成所需要的时间）超过100天相比，台积电这3年的存货周转天数约为50天，在存货的管理绩效上，它算是表现相当优异的公司，因为它的在库天数只有业界的50%，代表台积电生产线上的每个产品在尚未完成前的50天，便成功售出了。

●中碳的存货经营能力

中碳的存货周转率由2013年的16次逐步下滑至2015的9.75次。若从传统产业（产品稳定、技术变化不大）的角度来分析，其实中碳的存货经营能力表现呈现逐步下滑的趋势；这也可以从该公司的存货周转天数（平均在库天数）看出端倪，由2013年的22.81天逐步变成2015年的37.43天。

但好消息是，就一般的传统产业而言，存货的在库天数如果小于40天，通常都算是非常强势与热销的产品。不过，针对这一趋势，该公司的管理阶层仍应采取适当措施，针对存货管理进行改善。

如果我是这一家公司的投资人，我可能仍会持续投资，但假使该公司的存货在库天数，在往后几年又逐步上升，直至超过50天，则代表管理阶层没有用心经营，可能就不再适合投资了。

●统一超的存货经营能力

统一超的存货经营能力相当稳健，2013—2015年呈现存货平均每年能帮公司做上13次的生意，且都在30天以内，就能将存货销售出去。便利商店交易金额小但销售快速，所以笔者通常以30天为个人投资经验的比较基准。

1. 任何一家公司的存货能够在30天以内销售出去，代表这家公司表现优异，属于投资人追求的公司。例如每一代产品都热销的苹果公司，2015 年的存货在库天数为 5.7 天。

2. 如果存货的存货周转天数在 30 ~ 50 天，通常是流通业的模范生（例如 7-11 便利商店、好市多、沃尔玛等），或是拥有热销产品的品牌公司（例如优衣库），不然就是存货管理能力相当优异的公司（例如鸿海、中碳等）。
3. 如果存货平均在 50~80 天可以卖出，也算经营能力不错的公司。
4. 如果存货周转天数在 80~100 天，大多是 B2B 行业。
5. 如果存货周转天数在 100~150 天，大多是生产工业性（如工业计算机）或原物料（如钢铁、石油……）产品的行业，其需求比较不旺盛，或是客户很久才会下单一次。
6. 如果存货周转天数大于 150 天，则代表该公司经营能力不佳，或是该公司属于比较特殊的行业。例如造船公司的存货在库天数通常大于 250 天；飞机制造公司的库存通常大于 300 天；精品业的 Tiffany（中文：蒂芙尼），库存天数在 400 天以上；房地产公司的库存天数在 1000~5000 天都很正常，因有买地、变更、规划建案、设计图发包、开工、打地基、盖楼、完工等复杂的过程。

所以，财务报表上的数据，除了将公司与公司的数值比较之外，还必须与行业的平均值比较，才能看出数字背后真正的意义。

●巨大的存货经营能力

巨大公司的存货管理在 2013—2015 年的表现相当平稳，平均存货一年帮公司做了 3.5 次左右的生意。存货周转天数在 100 天左右，这个天数也符合自行车行业的市场需求，因为自行车行业产品不像 7-11 便利商店的产品，客户不会天天都上门消费，所以该公司的存货在这 3 年大约都要 100 天才会销售出去。

●鸿海的存货经营能力

鸿海的存货管理在2013—2015年平均一年帮公司做了10次生意，在库天数平均为35天。这个数字非常接近7-11便利商店的数据，代表鸿海的存货经营能力极为优秀。这也是为什么国外的媒体报道都说亚洲的制造经营能力非常优异，这一点从鸿海的存货经营能力便可看出来。

做生意的完整周期

现在您已经有了应收账款与存货经营能力（翻台率，次数越多越好）的概念，接下来把这两个观念放在一起，就能发现一般人阅读财务报表所缺少的极重要概念：做生意的完整周期。

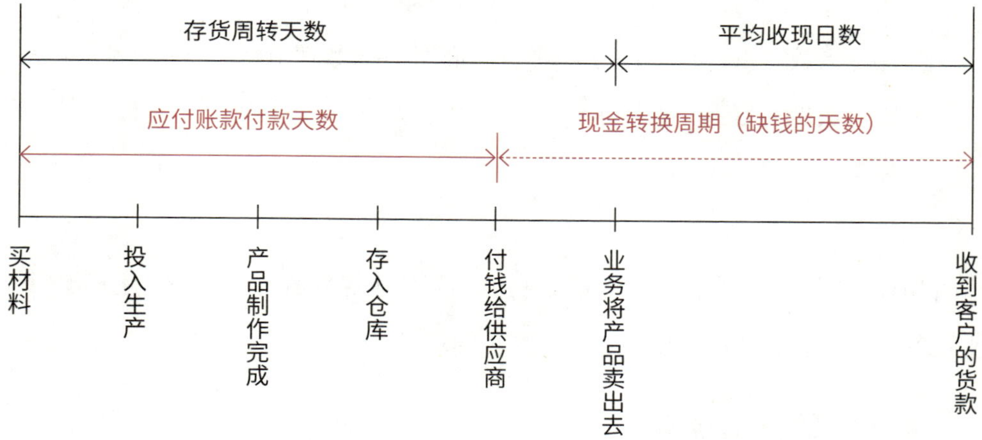

图3-9 做生意的完整周期

做生意的完整周期指的是一家公司从购买原物料开始、投入生产到产品制作完成，存入仓库、变成库存，付钱给供应商，以及公司的业务人员将存货卖出去，到最后收到客户的货款，所经历的一个完整周期，如图 3-9 所示。

做生意的完整周期 = 存货周转天数 + 平均收现日数

图 3-9 的红色线，第一条实线代表的是买完材料之后到付钱给供应商过程中所需的天数，专业名词叫“应付账款付款天数”；第二条虚线叫作现金转换周期，中翻中叫作“缺钱的天数”。

一家公司从买材料到投入生产，到产品制作完成放入仓库，再到业务人员卖出产品，最后公司收到客户货款，这一整个流程就叫“做生意完整的周期”（存货周转天数 + 平均收现日数）。

在整个“做生意完整的周期”当中，如果所需要的一切资金都是由公司自己承担，那公司在经营上将会非常吃力。所以在经营过程中，我们还可以借力使力：善用供应商给我们的付款天数优惠，例如到货 60 天才付款。这相当于供应商免费借钱给我们做 60 天生意，所以公司通常都会要求供应商提供一定天数的应付账款交易，相当于买方要求供应商免费提供多几天的资金来做生意。

做生意的完整周期扣除“应付账款付款天数”之后，就是一家公司至少需要准备这么多天的钱，才能持续经营下去，专业名词叫“现金转换周期”。笔者把它中翻中，翻成“缺钱的天数”，这样大家会比较容易理解。

通过推导，上下线条的天数会相等，换句话说：

做生意的完整周期

= 存货周转天数 + 平均收现日数

= 应付账款付款天数 + 缺钱的天数（现金转换周期）

利润表资料来源：http://ppt.cc/ottF

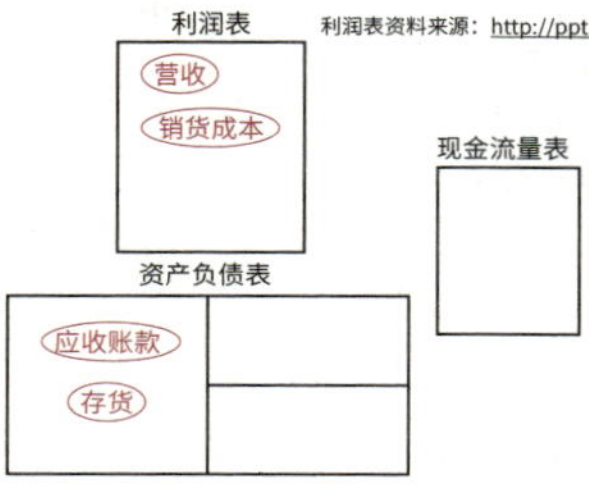

资产负债表资料来源：http://ppt.cc/gfVFN

年份→	2013	2014	2015
现金与约当现金（占总资产%）	34.97	39.5	46.7
应收账款（占总资产%）	17.07	21.3	13.3
存货（占总资产%）	6.97	5.8	4.4
流动资产（占总资产%）	69.43	73.4	73.2
总资产（占总资产%）	100	100	100
应付账款（占总资产%）	6.49	8.2	3.4
流动负债（占总资产%）	20.97	24.2	24.4
长期负债（占总资产%）	0.19	0.12	0.1
股东权益（占总资产%）	78.84	75.7	75.5
总负债+股东权益(占总资产%）	100	100	100

类别	财务比率 / 年份	2013	2014	2015
财务结构	负债占资产比率（%）	21.15	24.33	24.53
	长期资金占不动产/厂房及设备比率（%）	310.65	337.2	315.48
偿债能力	流动比率（%）	331.1	303.11	299.6
	速动比率（%）	296.42	278.49	280.68
经营能力	应收款项周转率（次）	4.1	4.54	4.49
	平均收现日数	89.02	80.39	81.29
	存货周转率（次）	5.54	6.83	6.55
	存货周转天数（平均在库天数）	65.88	53.44	55.72
	不动产/厂房及设备周转率（次）	2.8	3.9	3.3
	总资产周转率（次）	0.71	0.92	0.77
获利能力	资产报酬率（%）RoA	27.53	39.01	33.31
	权益报酬率（%）RoE	35.95	50.72	44.09
	税前纯益占实收资本比率（%）	857.37	1711.9	2,173.8
	营业毛利率（%）①	47.25	53.52	57.38
	营业利益率（%）②	39.3	45.99	49.5
	经营安全边际率%=②/①越大越好	83.17	85.93	86.27
	纯益率（%）=净利率	35.03	42.43	43.24
	每股盈余（元）	71.64	144.91	180.08
	税后净利 单位：百万元	9,610	19,438	24,157
现金流量	现金流量比率（%）	139.56	133.18	142.45
	现金流量允当比率（%）	144.25	171.43	202.16
	现金再投资比率（%）	24.33	29.27	30.78

二者相加=做生意的完整周期

营业活动现金流量（from 利润表） 单位：百万元	11,300	19,688	29,241
投资活动现金流量（from B/S 左边）单位：百万元	(5,160)	(5,472)	(7,199)
理财活动现金流量（from B/S 右边）单位：百万元	(2,302)	(3,719)	(6,870)

图 3-10　做生意的完整周期在报表中的位置

表 3-3　用“做生意的完整周期”对 3 家公司进行分析比较

		2013 年	2014 年	2015 年
统一超	平均收现日数	7.4	7.3	7.5
	存货周转天数	27.7	27.4	29.3

		2013 年	2014 年	2015 年
沃尔玛	平均收现日数	5.0	5.0	4.6
	存货周转天数	45.1	44.4	44.7

		2013 年	2014 年	2015 年
COSTCO 好市多	平均收现日数	6.2	5.8	3.7
	存货周转天数	30.9	30.9	30.9

有了这个概念后，我们从公开资讯观测站中的五大财务比率分析中，取得我们需要的数据（如表 3-3 红框所示），并将下列 3 家公司用“做生意完整周期”的方式进行分析比较，汇整成图 3-11，您就更容易理解了。

统一超　2015 年度做生意的完整周期

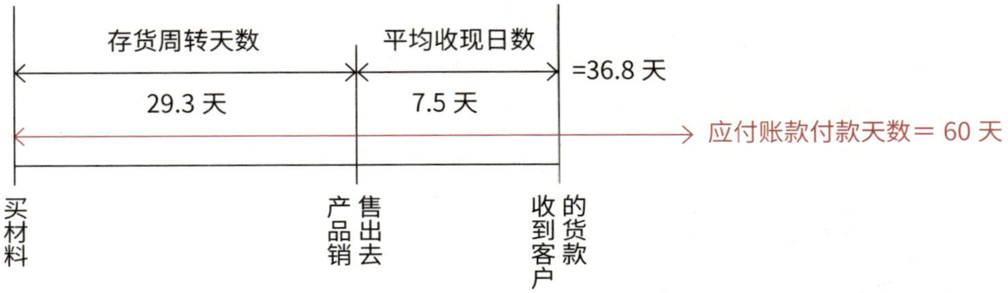

沃尔玛　2015 年度做生意的完整周期

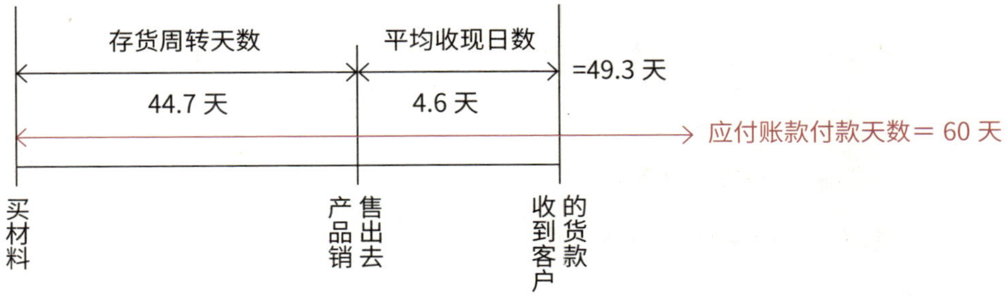

好市多　2015 年度做生意的完整周期

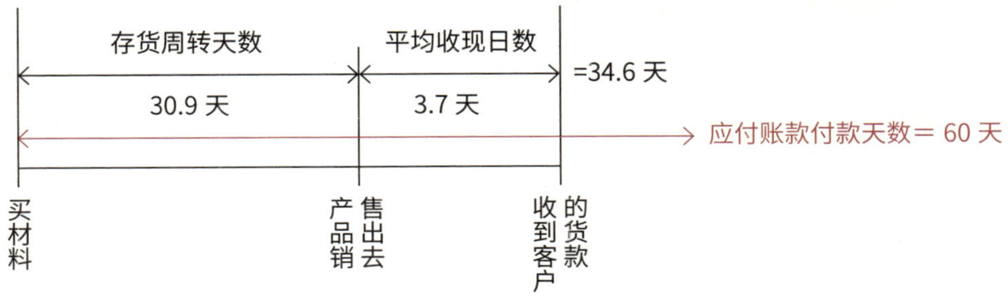

图 3-11　3 家公司做生意的完整周期

由图 3-11 可以看出，以 2015 年年报数据为例，统一超平均 36.8 天就可以完成一个做生意的周期，沃尔玛做生意的完整周期约为 49.3 天，好市多做生意的完整周期为 34.6 天。

您可以将做生意完整周期小于 35 天，当作一家经营能力非常优异的公司的标志，就像好市多平均 34.6 天便可以完成一个做生意的完整周期。

假设这 3 家公司向供应商进货之后，平均在 60 天后才需要付款（应付账款付现天数 = 60 天）。再搭配前面提到的：

做生意的完整周期
= 存货周转天数 + 平均收现日数
= 应付账款付款天数 + 缺钱的天数（现金转换周期）

则它们做生意的完整周期，如图 3-11 所示，分别是：

统一超做生意的完整周期
= 存货周转天数 + 平均收现日数
= 29.3 + 7.5 = 36.8 天
= 应付账款付款天数 + 缺钱的天数
= 60 +（−23.2）= 36.8 天

沃尔玛做生意的完整周期

= 存货周转天数 + 平均收现日数

= 44.7 + 4.6 = 49.3 天

= 应付账款付款天数 + 缺钱的天数

= 60 +（−10.7）= 49.3 天

好市多做生意的完整周期

= 存货周转天数 + 平均收现日数

= 30.9 + 3.7 = 34.6 天

= 应付账款付款天数 + 缺钱的天数

= 60 +（−25.4）= 34.6 天

好公司的共通实力

从这个简单的分析可以归纳出这 3 家公司都有几个共通之处：

1. 做生意的完整周期都非常短，全部都不到 50 天就能做一次生意。其中应付账款付款天数我们假设都是 60 天，所以这 3 家公司不用钱就可以做生意了——因为缺钱的天数是负的，其中统一超缺钱的天数是 -23.2 天、沃尔玛是 -10.7 天、好市多是 -25.4 天，代表这 3 家公司不缺钱，只要靠供应商给的 60 天付款条款就能做生意了。
2. 更棒的是，这 3 家公司都是天天收现金（前面已经提到，理论上这 3 家公司不用任何资金，就能做生意了）。
3. 它们又都是生活必需的行业，业绩持续增长。

以上三点，就是巴菲特最喜欢投资的公司的特性：简单易懂的生意模式，加上拥有长期稳定的获利能力等，所以沃尔玛和好市多这2家公司属于巴菲特的核心持股公司（见表3-4）。

表3-4　巴菲特持股的流通业公司

持股公司	市值	持股占被投资公司比率
Wal-Mart Stores（沃尔玛）	9亿美金	0.42%
Costco Wholesale Corporation(好市多)	6.6亿美金	1.00%

资料来源：September 30, 2016 as reported in Berkshire Hathaway's 13-F .ling on November 14, 2016.

另外，巴菲特的合伙人查理·芒格更是这样称赞好市多："这是一家我进棺材之后，还想继续投资的公司。"因为好市多同时具备以下六大特色：

1. 做生意的完整周期不到40天。

2. 缺钱的天数是负的，代表以该公司目前的规模，不需要任何资金也能够继续经营生意。

3. 天天都收现金。

4. 不管经济如何变化，都有现金能够支持公司持续经营下去。

5. 业绩持续创新高，全球分店天天生意兴隆，再加上采用低价、高质量的销售策略，满足消费者的日常刚需与高频的消费需求。

6. 具备长期稳定获利能力。

除了分析个别公司外，通过"做生意的完整周期"的概念，也可以分析同行业公司之间的表现，接下来我们来看看苹果公司与宏达电的表现（详见图3-12）。

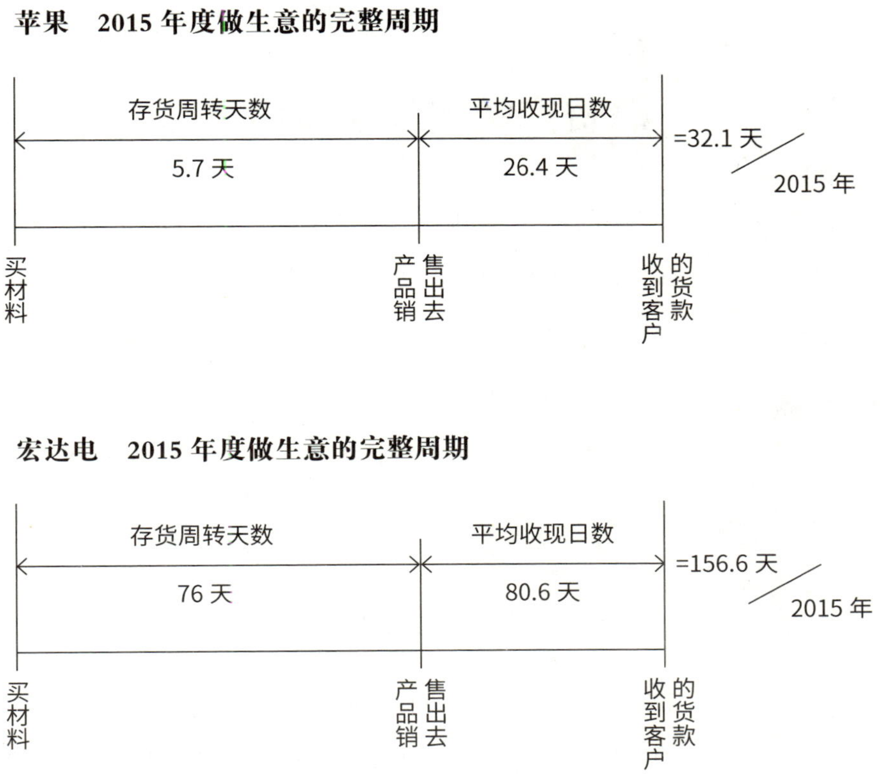

图 3-12　苹果公司和宏达电做生意的完整周期

●产品热销程度比较

苹果平均 5.7 天卖出（热销）vs 宏达电平均 76 天卖出（不太畅销）

●对客户应收账款的管理能力比较

苹果平均 26.4 天收款（代表公司对客户与终端用户的强势）vs 宏达电平均 80.6 天收款（代表公司对客户与终端用户的弱势）

两家公司一对比，就知道双方的经营实力差距非常大。

总资产的整体经营能力

公司的经营能力，除了看“应收账款”与“存货”这两个资产的管理能力之外，还必须看一家公司总资产的整体经营能力。总资产周转率（翻台率）的公式如下所示：

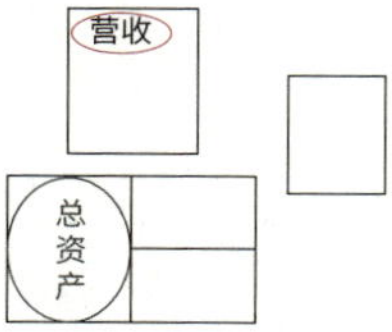

总资产周转率

$$= \frac{\text{营收}}{\text{总资产}}\text{，次数越多越好}$$

$$= \frac{\text{产出}}{\text{投入}}\text{，越大越好}$$

$$= \frac{\text{小}}{\text{大}} = \frac{100\text{ 亿元}}{500\text{ 亿元}} < 1\text{，资本密集的行业（烧钱的行业）}$$

$$= \frac{\text{大}}{\text{小}} = \frac{500\text{ 亿元}}{100\text{ 亿元}} > 1\text{，比较好}$$

总资产周转率代表一家公司的总资产在实际经营运用中的效率情况，它就像是餐厅的翻台率，当然是次数越多越好。

一般公司的总资产周转率（翻台率）都会大于 1。如上面公式所举的例子，假设某家公司需要投资 100 亿元的总资产才能够经营，同时一年可以做 500 亿元的生意，代表总资产的翻台率为 5。

传统制造业尤其需要注意总资产周转率，因为行业本身的毛利率不高，在市场上能赚到的利润也不高，所以必须有效运用公司投入的总资产来创造营收（否则会有太多的资产闲置在公司没有运用），故一般传统产业的总资产周转率（翻台率）通常会大于 1。

如果是流通业或是快时尚行业，市场上商品快速流动，总资产周转率通常会大于 2。

换句话说，总资产周转率在 1 ~ 2，都是营运正常的公司。如果一家公司的总资产周转率越往 1 靠近，代表公司的总资产经营能力越是普通；如果这个数字接近 2，而且不是所谓的流通业或是快时尚行业，则代表这家公司的经营能力非常优秀。例如鸿海集团 2015 年度的总资产周转率高达 1.88，非常接近于 2 的水平，堪比流通业或是快时尚行业，代表鸿海的经营能力极佳。

另一种情况则是总资产周转率小于 1，小于 1 代表的是“分子小、分母大”。例如在上面的公式中，一家投入 500 亿元的总资产，该年度却只能带来 100 亿元的营收，总资产周转率只有 0.2。

所以，总资产周转率＜1，代表这家公司是资本密集或是奢侈品行业，中翻中叫作“烧钱的行业”。哪些行业属于资本密集行业呢？下面举几个例子。

- 天上飞的飞机
- 地上跑的高铁 / 火车 / 汽车
- 水上驶的船舶
- 金、银、铜、铁、钢与石油等原物料产业
- 科技行业的面板、DRAM（动态随机存取内存）与半导体行业

以上都属于资本密集（烧钱）的行业。烧钱的行业并不可怕，可怕的是明明在烧钱，手上却没有钱。如果是这种情况，公司在经济突然变化或反转时，很容易产生危机。

您用常识就可以理解。就像一个人常常出入烧钱的场所（例如酒店、KTV），但身上永远只有 500 元，这样持续下去，会出事吗？答案应该是肯定的！

所以，将来当您看到任何一家的财务报表里的总资产周转率小于 1，请马上把它中翻中，告诉自己：这是一家资本密集（烧钱）的公司，然后立刻去看这家

公司的现金与约当现金占总资产是否大于 25%。如果它属于资本密集的公司，手上的现金当然越多越好，这样才有能力抵挡经济波动造成的现金风险。

这些数字会出现在公开资讯观测站的五大财务比率分析“经营能力”区块中，如图 3-13 红框所示。

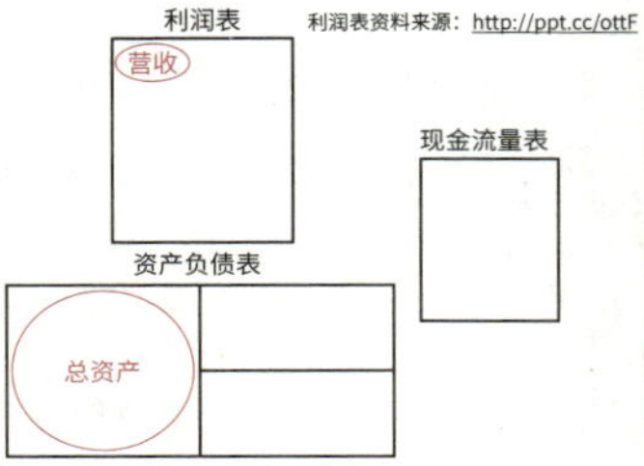

资产负债表资料来源：http://ppt.cc/gfVFN

年份→	2013	2014	2015
现金与约当现金（占总资产 %）	34.97	39.5	46.7
应收账款（占总资产 %）	17.07	21.3	13.3
存货（占总资产 %）	6.97	5.8	4.4
流动资产（占总资产 %）	69.43	73.4	73.2
总资产（占总资产 %）	100	100	100
应付账款（占总资产 %）	6.49	8.2	3.4
流动负债（占总资产 %）	20.97	24.2	24.4
长期负债（占总资产 %）	0.19	0.12	0.1
股东权益（占总资产 %）	78.84	75.7	75.5
总负债 + 股东权益(占总资产 %)	100	100	100

类别	财务比率　年份	2013	2014	2015
财务结构	负债占资产比率（%）	21.15	24.33	24.53
	长期资金占不动产 / 厂房及设备比率（%）	310.65	337.2	315.48
偿债能力	流动比率（%）	331.1	303.11	299.6
	速动比率（%）	296.42	278.49	280.68
经营能力	应收款项周转率（次）	4.1	4.54	4.49
	平均收现日数 ③	89.02	80.39	81.29
	存货周转率（次）	5.54	6.83	6.55
	存货周转天数（平均在库天数）	65.88	53.44	55.72
	不动产 / 厂房及设备周转率（次）	2.8	3.9	3.3
	总资产周转率（次） ①	0.71	0.92	0.77
获利能力	资产报酬率（%）RoA	27.53	39.01	33.31
	权益报酬率（%）RoE	35.95	50.72	44.09
	税前纯益占实收资本比率（%）	857.37	1711.9	2,173.8
	营业毛利率（%）①	47.25	53.52	57.38
	营业利益率（%）②	39.3	45.99	49.5
	经营安全边际率 %= ② / ① 越大越好	83.17	85.93	86.27
	纯益率（%）= 净利率	35.03	42.43	43.24
	每股盈余（元）	71.64	144.91	180.08
	税后净利 单位：百万元	9,610	19,438	24,157
现金流量	现金流量比率（%）	139.56	133.18	142.45
	现金流量允当比率（%）	144.25	171.43	202.16
	现金再投资比率（%）	24.33	29.27	30.78

	2013	2014	2015
营业活动现金流量（from 利润表） 单位：百万元	11,300	19,688	29,241
投资活动现金流量（from B/S 左边）单位：百万元	(5,160)	(5,472)	(7,199)
理财活动现金流量（from B/S 右边）单位：百万元	(2,302)	(3,719)	(6,870)

小于 1，代表这是一家资本密集（烧钱）的行业

图 3-13　资本密集的公司应注意的 3 个指标

您在阅读报表时，如果看到一家公司的总资产周转率小于 1 时，请务必同时观看①②③这 3 个重要指标：

① 总资产周转率＜1，代表它是烧钱的公司，必须马上确定该公司手上有没有钱。

② 现金与约当现金占总资产比率最好要高于 25%，“气才会长”。如果未达到这个标准，手上缺乏现金，那我们至少要确保这家公司能够天天收

现金。

③ 如果平均收现日数<15 天，通常就代表它是天天收现金（现金交易）的公司。

资本密集公司的经营能力分析

接下来我们运用这 3 个指标，来看看几家资本密集公司的实际财务报表。

大立光

3008 大立光

五大财务比率分析的资料来源：http://ppt.cc/MvMW
现金流量表的资料来源：http://ppt.cc/yoeAg

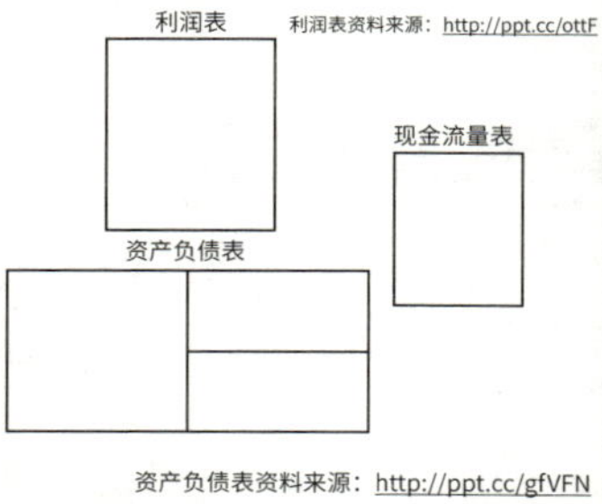

年份→	2013	2014	2015
现金与约当现金（占总资产%）	34.97	39.5	46.7
应收账款（占总资产%）	17.07	21.3	13.3
存货（占总资产%）	6.97	5.8	4.4
流动资产（占总资产%）	69.43	73.4	73.2
总资产（占总资产%）	100	100	100
应付账款（占总资产%）	6.49	8.2	3.4
流动负债（占总资产%）	20.97	24.2	24.4
长期负债（占总资产%）	0.19	0.12	0.1
股东权益（占总资产%）	78.84	75.7	75.5
总负债+股东权益(占总资产%)	100	100	100

类别	财务比率　年份	2013	2014	2015
财务结构	负债占资产比率（%）	21.15	24.33	24.53
	长期资金占不动产/厂房及设备比率（%）	310.65	337.2	315.48
偿债能力	流动比率（%）	331.1	303.11	299.6
	速动比率（%）	296.42	278.49	280.68
经营能力	应收款项周转率（次）	4.1	4.54	4.49
	③平均收现日数	89.02	80.39	81.29
	存货周转率（次）	5.54	6.83	6.55
	存货周转天数（平均在库天数）	65.88	53.44	55.72
	不动产/厂房及设备周转率（次）	2.8	3.9	3.3
	总资产周转率（次）①	0.71	0.92	0.77
获利能力	资产报酬率（%）RoA	27.53	39.01	33.31
	权益报酬率（%）RoE	35.95	50.72	44.09
	税前纯益占实收资本比率（%）	857.37	1711.9	2,173.8
	营业毛利率（%）①	47.25	53.52	57.38
	营业利益率（%）②	39.3	45.99	49.5
	经营安全边际率%=②/①越大越好	83.17	85.93	86.27
	纯益率（%）=净利率	35.03	42.43	43.24
	每股盈余（元）	71.64	144.91	180.08
	税后净利 单位：百万元	9,610	19,438	24,157
现金流量	现金流量比率（%）	139.56	133.18	142.45
	现金流量允当比率（%）	144.25	171.43	202.16
	现金再投资比率（%）	24.33	29.27	30.78

营业活动现金流量（from 利润表） 单位：百万元	11,300	19,688	29,241
投资活动现金流量（from B/S 左边）单位：百万元	(5,160)	(5,472)	(7,199)
理财活动现金流量（from B/S 右边）单位：百万元	(2,302)	(3,719)	(6,870)

图 3-14　大立光 2013—2015 年财务报表

① 总资产周转率近 3 年都<1，这确实是一家资本密集的公司。

② 现金与约当现金占总资产比率，近 3 年平均大于 40%，代表这家公司的做法正确，规划非常稳健。

③ 平均收现日数，3 年的平均收现日数都大于 80 天，不属于收现金的交易。不过该公司手上的现金（指标②）相当充裕，所以不用担心这个数字。

换句话说，如果该公司的总资产周转率（指标①）小于 1，最安全的情况是该公司的现金与约当现金占总资产比率越高越好，因此指标②最重要，指标③次之。

台积电

五大财务比率分析的资料来源：http://ppt.cc/MvMW
现金流量表的资料来源：http://ppt.cc/yoeAg

2330 台积电

利润表资料来源：http://ppt.cc/ottF

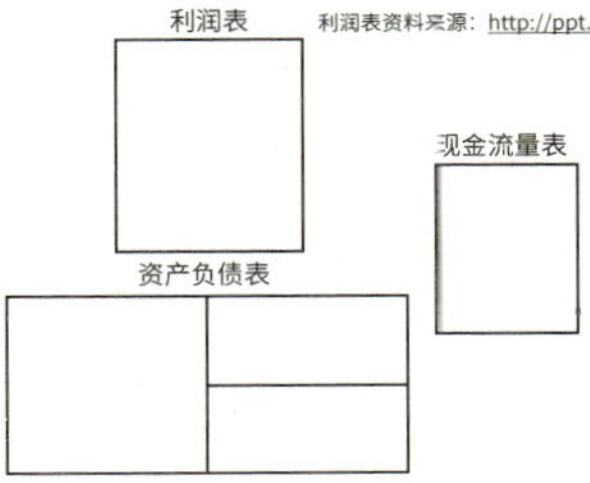

资产负债表资料来源：htp://ppt.cc/gfVFN

年份→	2013	2014	2015
现金与约当现金（占总资产%）	19.21	24.0	34.0
应收账款（占总资产%）	5.69	7.69	5.16
存货（占总资产%）	2.97	4.44	4.05
流动资产（占总资产%）	28.38	41.9	45.1
总资产（占总资产%）	100	100	100
应付账款（占总资产%）	1.29	1.56	1.19
流动负债（占总资产%）	15.03	13.5	12.8
长期负债（占总资产%）	17.85	16.6	13.4
股东权益（占总资产%）	67.12	69.9	73.8
总负债+股东权益(占总资产%)	100	100	100

类别	财务比率 \ 年份	2013	2014	2015
财务结构	负债占资产比率（%）	32.88	30.06	26.24
	长期资金占不动产/厂房及设备比率（%）	135.4	158.17	169.34
偿债能力	流动比率（%）	188.9	311.17	351.86
	速动比率（%）	168.57	278.03	319.58
经营能力	应收款项周转率（次）	9.11	8.12	8.37
	平均收现日数	40.06	44.95	43.6
	存货周转率（次）	8.39	7.42	6.49
	存货周转天数（平均在库天数）	43.5	49.19	56.24
	不动产/厂房及设备周转率（次）	0.85	0.95	1.01
	总资产周转率（次）	0.54	0.55	0.54
获利能力	资产报酬率（%）RoA	17.11	19.33	19.62
	权益报酬率（%）RoE	24	27.88	27.04
	税前纯益占实收资本比率（%）	83.11	116.51	135.14
	营业毛利率（%）①	47.06	49.52	48.65
	营业利益率（%）②	35.08	38.79	37.94
	经营安全边际率%=②/①越大越好	74.54	78.33	77.99
	纯益率（%）=净利率	31.49	34.58	36.34
	每股盈余（元）	7.26	10.18	11.82
	税后净利 单位：百万元	188,019	263,764	306,556
现金流量	现金流量比率（%）	183.05	209.7	249.67
	现金流量允当比率（%）	88.35	92.15	103.82
	现金再投资比率（%）	12.16	13.04	13.76

营业活动现金流量（from 利润表） 单位：百万元	347,384	421,524	529,879
投资活动现金流量（from B/S 左边）单位：百万元	(281,054)	(282,421)	(217,246)
理财活动现金流量（from B/S 右边）单位：百万元	32,106	(32,328)	(116,734)

图 3-15 台积电 2013—2015 年财务报表

① 总资产周转率近 3 年平均是 0.54 次，是资本密集与技术密集的行业。

② 现金与约当现金占总资产比率，2015 年提升到 34%，规划非常稳健，代表台积电抵抗经济意外波动的能力相当强大。

③ 平均收现日数，近 3 年的平均收现日数都大于 40 天，但因为指标②的 2015 年的数据高达 34%，所以指标③表现也相当亮丽，算是好上加好。

茂德

五大财务比率分析的资料来源：http://ppt.cc/MvMW

现金流量表的资料来源：http://ppt.cc/yoeAg

5387 茂德 2012.03 宣布破产

利润表资料来源：http://ppt.cc/ottF

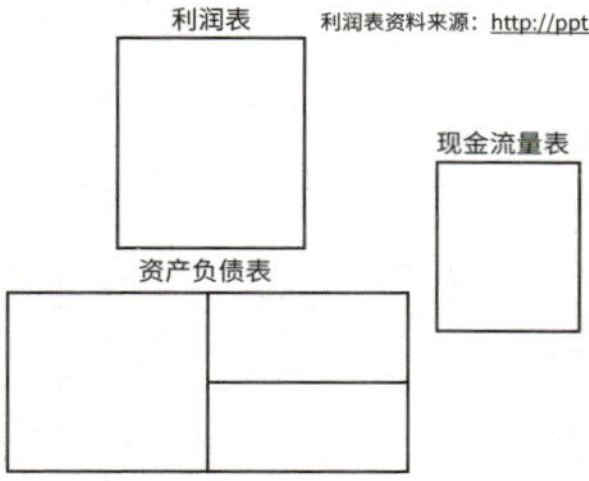

资产负债表资料来源：http://ppt.cc/gfVFN

年份→	2008	2009	2010
现金与约当现金（占总资产%）	0.4	0.28	2.47
应收账款（占总资产%）	1.2	0.28	1.13
存货（占总资产%）	3.48	1.97	3.18
流动资产（占总资产%）	6.83	5.64	11.24
总资产（占总资产%）	100	100	100
应付账款（占总资产%）	3.89	3.85	2.29
流动负债（占总资产%）	61.25	22.31	20.57
长期负债（占总资产%）	5.95	58.03	75.21
股东权益（占总资产%）	32.8	19.66	4.22
总负债+股东权益(占总资产%)	100	100	100

类别	财务比率　年份	2008	2009	2010
财务结构	负债占资产比率（%）	65.5	78.7	88.9
	长期资金占不动产/厂房及设备比率（%）	43.3	95.5	108.5
偿债能力	流动比率（%）	10.3	27.4	70.4
	速动比率（%）	3	3.8	26.2
经营能力	应收款项周转率（次）	9.3	9.8	37.9
	③平均收现日数	39.4	37.2	9.6
	存货周转率（次）	6.5	9.6	14.5
	存货周转天数（平均在库天数）	56.6	38	25.3
	不动产/厂房及设备周转率（次）	0.28	0.12	0.37
	总资产周转率（次）①	0.24	0.1	0.25
获利能力	资产报酬率（%）RoA	(22.6)	(18.8)	(12.4)
	权益报酬率（%）RoE	(59.6)	(70.1)	(83.3)
	税前纯益占实收资本比率（%）	(49.5)	(32)	(49.8)
	营业毛利率（%）①	(61.9)	(212.6)	(47.8)
	营业利益率（%）②	(78.1)	(240.1)	(58.1)
	经营安全边际率%=②/①越大越好	负数无意义	负数无意义	负数无意义
	纯益率（%）=净利率	(117.7)	(231.5)	(56.3)
	每股盈余（元）	(5.2)	(3.2)	(5)
	税后净利 单位：百万元	(36,090)	(23,220)	(17,990)
现金流量	现金流量比率（%）	2.9	0	7.4
	现金流量允当比率（%）	48.7	39.6	41.4
	现金再投资比率（%）	2.2	0	0.8

	2008	2009	2010
营业活动现金流量（from 利润表） 单位：百万元	869	(974)	765
投资活动现金流量（from B/S 左边）单位：百万元	(13,417)	(1,028)	3,129
理财活动现金流量（from B/S 右边）单位：百万元	3,767	(1,745)	(2,192)

图 3-16　茂德 2008—2010 年财务报表

看过两家好公司之后，接下来我们来看看其他状况不佳公司的总资产经营能力表现。

① 总资产周转率近 3 年<1，代表这是一家资本密集公司。

② 现金与约当现金占总资产比率近 3 年不到 3%，这样的现金部位安排，对一家资本密集的公司来说非常危险。

③ 那茂德这家公司是不是天天收现金呢？它的平均收现日数，前两年都大于 30 天，最后一年收现日数才减少。一般经营状况正常的公司，应收账款的收款政策都会相当稳定，很少有公司的这个数据会大幅波动，除非发生以下两种情况：

第一，公司转型发展，由 B2B 模式转向 B2C 模式，所以应收账款的收现日数才会由大于 30 天转成收现金（＜15 天）的模式。

第二，公司营运出现危机，资金不足，需要将存货立刻变现以延续公司的生命。

茂德公司当时属于第二种情况。

所以通过对① ② ③ 指标进行综合研究后发现，茂德公司属于资本密集公司，需要大量资金才能持续发展下去，结果手上既没现金，也不属于天天收现金交易的行业。如果您有闲钱，愿意投资这家公司吗？

力晶

5346 力晶　2012.12 宣布破产

五大财务比率分析的资料来源：http://ppt.cc/MvMW
现金流量表的资料来源：http://ppt.cc/yoeAg

利润表　利润表资料来源：http://ppt.cc/ottF

现金流量表

资产负债表

资产负债表资料来源：http://ppt.cc/gfVFN

年份→	2009	2010	2011
现金与约当现金（占总资产%）	1.95	3.21	1.4
应收账款（占总资产%）	0.75	0.75	1.42
存货（占总资产%）	5.04	4.32	4.49
流动资产（占总资产%）	11.02	15.62	10.43
总资产（占总资产%）	100	100	100
应付账款（占总资产%）	1.88	2.78	2.68
流动负债（占总资产%）	42.61	45.88	52.74
长期负债（占总资产%）	35.91	25.15	34.21
股东权益（占总资产%）	21.49	28.97	13.05
总负债+股东权益(占总资产%)	100	100	100

类别	财务比率　年份	2009	2010	2011
财务结构	负债占资产比率（%）	78.4	70.7	87.2
	长期资金占不动产/厂房及设备比率（%）	90.1	100.1	83.2
偿债能力	流动比率（%）	18.9	25.7	11.6
	速动比率（%）	10	19.4	7
经营能力	应收款项周转率（次）	17.3	40.2	18.9
	③ 平均收现日数	21	9.1	19.3
	存货周转率（次）	5.3	10.6	9
	存货周转天数（平均在库天数）	68.7	34.6	40.6
	不动产/厂房及设备周转率（次）	0.37	1.3	0.83
	总资产周转率（次） ①	0.23	0.7	0.46
获利能力 ②	资产报酬率（%）RoA	(12.6)	4.4	(20.7)
	权益报酬率（%）RoE	(56.5)	12.5	(100)
	税前纯益占实收资本比率（%）	(23.6)	10.1	(39.9)
	营业毛利率（%）①	(44.7)	9.3	(42.4)
	营业利益率（%）②	(58.6)	4.1	(52.8)
	经营安全边际率%=②/①越大越好	负数无意义	44.09	负数无意义
	纯益率（%）=净利率	(66.5)	4.8	(58.7)
	每股盈余（元）	(2.5)	0.7	(4)
	税后净利　单位：百万元	(20,713)	3,906	(22,120)
现金流量	现金流量比率（%）	10.2	61.7	9.6
	现金流量允当比率（%）	47.6	65.8	64.8
	现金再投资比率（%）	2.2	12.3	1.6

	2009	2010	2011
营业活动现金流量（from 利润表）单位：百万元	7,186	32,884	4,906
投资活动现金流量（from B/S 左边）单位：百万元	(5,431)	(6,946)	(5,487)
理财活动现金流量（from B/S 右边）单位：百万元	(7,244)	(24,778)	(1,648)

图 3-17　力晶 2009—2011 年财务报表

① 总资产周转率<1，这确实属于资本密集公司。

② 现金与约当现金占总资产比率近3年不到4%，现金部位过低，非常危险。

③ 平均收现日数在9～21天，很接近天天收现金交易的情况。但实际上，没有一家企业可以日日营收创新高。经济时有波动，产业发展中也常常出现“黑天鹅”（意料之外的坏事）。原本每天都有稳定的营收现金（现金交易）作为公司日常开销使用，一旦发生坏事，每日营收所创造的现金会骤降，若此时公司手上又没有足够的现金，很容易在这个时候发生财务危机。

兴航

五大财务比率分析的资料来源：http://ppt.cc/MvMW
现金流量表的资料来源：http://ppt.cc/yoeAg

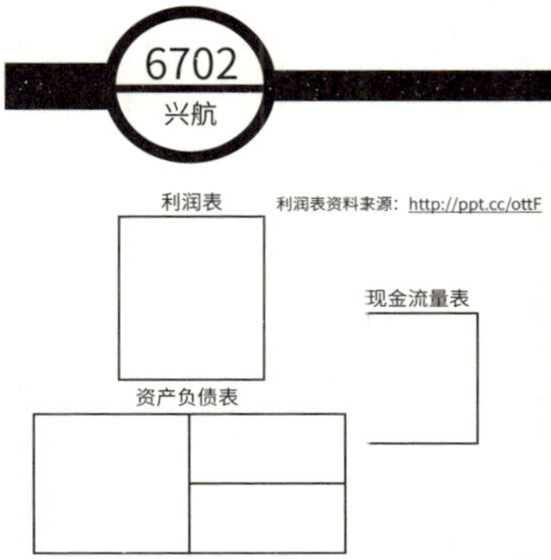

资产负债表资料来源：http://ppt.cc/gfVFN

年份→	2013	2014	2015
现金与约当现金（占总资产%）	17.67	17.04	10.83
应收账款（占总资产%）	1.68	1.65	1.67
存货（占总资产%）	3.32	2.69	2.88
流动资产（占总资产%）	3.51	24.03	19.58
总资产（占总资产%）	100	100	100
应付账款（占总资产%）	1.26	0.91	1.03
流动负债（占总资产%）	20.00	17.10	30.63
长期负债（占总资产%）	44.53	50.78	41.76
股东权益（占总资产%）	35.47	32.12	27.61
总负债+股东权益(占总资产%)	100	100	100

类别	财务比率　　年份	2013	2014	2015
财务结构	负债占资产比率（%）	64.53	37.88	72.39
	长期资金占不动产/厂房及设备比率（%）	152.59	137.53	110.73
偿债能力	流动比率（%）	167.51	140.53	63.91
	速动比率（%）	97.35	114.39	47.77
经营能力	应收款项周转率（次）	33.97	31.37	23.32
	③平均收现日数	10.74	11.63	15.65
	存货周转率（次）	NA	NA	NA
	存货周转天数（平均在库天数）	NA	NA	NA
	不动产/厂房及设备周转率（次）	1.18	1.03	0.68
	总资产周转率（次）①	0.59	0.57	0.42
获利能力②	资产报酬率（%）RoA	1.32	1.96	(3.82)
	权益报酬率（%）RoE	1.82	3.91	(15.32)
	税前纯益占实收资本比率（%）	2.7	7.63	(19.83)
	营业毛利率（%）①	6.1	12.73	(11.57)
	营业利益率（%）②	(3.24)	3.03	(23.56)
	经营安全边际率%=②/①越大越好	负数无意义	23.8	负数无意义
	纯益率（%）=净利率	1.09	2.31	(10.92)
	每股盈余（元）	0.24	0.55	(1.83)
	税后净利 单位：百万元	133	305	(1,156)
现金流量	现金流量比率（%）	61.26	46.58	(12.73)
	现金流量允当比率（%）	190.98	75.86	43.21
	现金再投资比率（%）	11.27	7.29	(7.73)

	2013	2014	2015
营业活动现金流量（from 利润表） 单位：百万元	2,547	2,043	(969)
投资活动现金流量（from B/S 左边） 单位：百万元	(4,191)	(5,047)	(1,560)
理财活动现金流量（from B/S 右边） 单位：百万元	4,406	3,569	763

图 3-18　兴航 2013—2015 年财务报表

① 总资产周转率<1，代表这是一家资本密集的公司。2013—2014 年的总资产周转率稳定在 0.57 ~ 0.59 次，但 2015 年快速下降到 0.42 次，代表的是分母（总资产）变大或是分子（营收）变小。此时可以到公开资讯观测站查询该公司的利润表资料，得知是分子（营收）变小：

- 2014 年全年营收为新台币 132 亿元。
- 2015 年全年营收为新台币 106 亿元。

● 主因是2015年该公司发生空难事件，影响了消费者搭乘意愿，造成营收大幅下滑。

另外从资产负债表中，可以看出该公司2014年总资产为新台币257亿元，2015年总资产为新台币248亿元，代表该公司在2015年并没有大幅资本支出。所以，兴航的总资产周转率在2015年快速下降到0.42的主因来自公式中的分子，即营收大幅下滑。

② 现金与约当现金占总资产比率<20%，现金部位较低，所以应该马上看指标③。

③ 兴航是不是天天收现金的行业（平均收现日数<15天）？由数据看出来，它确实是天天收现金的行业。

在环境稳定的时候，这样的情况还可以（天天收现金+手上只留少量的现金），可是一旦经济波动或发生不好的事件，比如乘机旅客数大幅下降，这家公司就会出现重大危机。

经营能力综合指标的阅读顺序

笔者通过以上真实案例，不厌其烦地解析，主要是想要和读者分享一个重要的概念：

遇到任何资本密集的公司，一定要顺着箭头2、3的阅读方式，才能帮你避开烂公司、挑出好公司。

请永远记得，一旦您不小心投资了烂公司，最后非常有可能会陷入血本无归、现金归零的窘境。

对于一家公司的经营能力如何，您现在已经知道要同时关注“应收账款周转率”“存货周转率”“总资产周转率”三个方面。而这三个经营能力的综合指标，都可以在公开资讯观测站查询到，观看优先级的建议分别为（详见图3-19）：

(B1) **总资产周转率：**当总资产周转率小于1，就要立刻沿着2的路线，观察现金与约当现金占总资产的比率，然后再顺着3的箭头指引，观察(B3)平均收现日数。

(B2) **存货周转天数：**看看这家公司的商品是否畅销。

(B3) **应收账款平均收现日数：**越短越好。

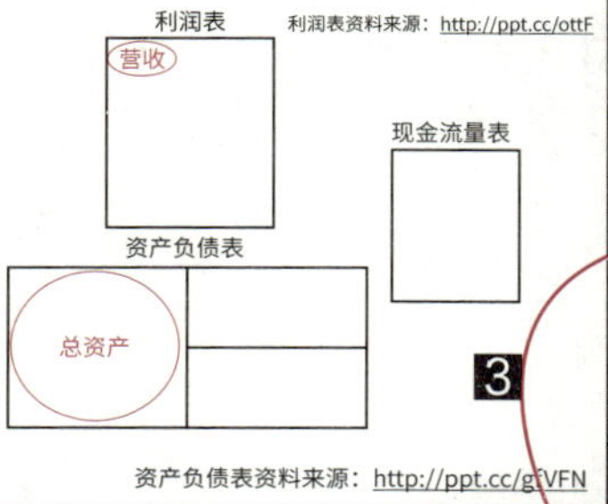

年份→	2013	2014	2015
现金与约当现金（占总资产%）	34.97	39.5	46.7
应收账款（占总资产%）	17.07	21.3	13.3
存货（占总资产%）	6.97	5.8	4.4
流动资产（占总资产%）	69.43	73.4	73.2
总资产（占总资产%）	100	100	100
应付账款（占总资产%）	6.49	8.2	3.4
流动负债（占总资产%）	20.97	24.2	24.4
长期负债（占总资产%）	0.19	0.12	0.1
股东权益（占总资产%）	78.84	75.7	75.5
总负债+股东权益(占总资产%)	100	100	100

类别	财务比率 \ 年份	2013	2014	2015
财务结构	负债占资产比率（%）	21.15	24.33	24.53
	长期资金占不动产/厂房及设备比率（%）	310.65	337.2	315.48
偿债能力	流动比率（%）	331.1	303.11	299.6
	速动比率（%）	296.42	278.49	280.68
经营能力	应收款项周转率（次）	4.1	4.54	4.49
	B3 平均收现日数	89.02	80.39	81.29
	存货周转率（次）	5.54	6.83	6.55
	B2 存货周转天数（平均在库天数）	65.88	53.44	55.72
	不动产/厂房及设备周转率（次）	2.8	3.9	3.3
	B1 总资产周转率（次）	0.71	0.92	0.77
获利能力 2	资产报酬率（%）RoA	27.53	39.01	33.31
	权益报酬率（%）RoE	35.95	50.72	44.09
	税前纯益占实收资本比率（%）	857.37	1711.9	2,173.8
	营业毛利率（%）①	47.25	53.52	57.38
	营业利益率（%）②	39.3	45.99	49.5
	经营安全边际率%=②/①越大越好	83.17	85.93	86.27
	纯益率（%）=净利率	35.03	42.43	43.24
	每股盈余（元）	71.64	144.91	180.08
	税后净利 单位：百万元	9,610	19,438	24,157
现金流量	现金流量比率（%）	139.56	133.18	142.45
	现金流量允当比率（%）	144.25	171.43	202.16
	现金再投资比率（%）	24.33	29.27	30.78

	2013	2014	2015
营业活动现金流量（from 利润表） 单位：百万元	11,300	19,688	29,241
投资活动现金流量（from B/S 左边） 单位：百万元	(5,160)	(5,472)	(7,199)
理财活动现金流量（from B/S 右边） 单位：百万元	(2,302)	(3,719)	(6,870)

图 3-19　经营能力综合指标的阅读顺序

接下来您可以选几家您感兴趣的公司，对该公司的经营能力进行分析。笔者在这里先任选 3 家公司进行分析，您如法运用即可。

中碳

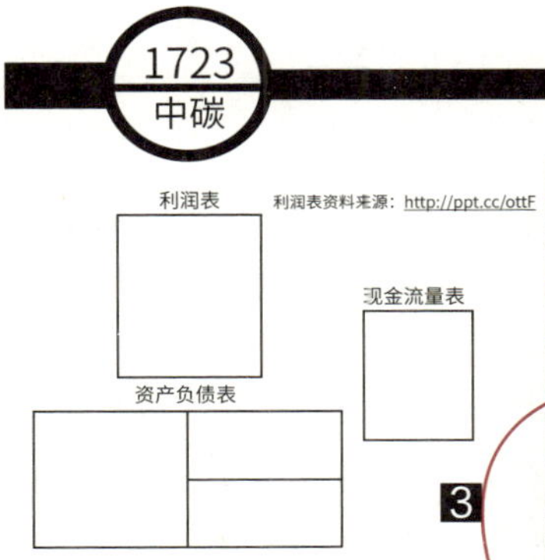

五大财务比率分析的资料来源：http://ppt.cc/MvMW
现金流量表的资料来源：http://ppt.cc/yoeAg

资产负债表资料来源：ht p://ppt.cc/gf /FN

年份→	2013	2014	2015
现金与约当现金（占总资产%）	6.16	12.6	12.6
应收账款（占总资产%）	8.56	6.29	5.35
存货（占总资产%）	4.54	5.14	5.18
流动资产（占总资产%）	52.13	50.5	36.7
总资产（占总资产%）	100	100	100
应付账款（占总资产%）	4.27	3.23	2.29
流动负债（占总资产%）	12.02	11.0	17.3
长期负债（占总资产%）	1.56	1.55	2.0
股东权益（占总资产%）	86.42	87.5	80.7
总负债+股东权益(占总资产%)	100	100	100

类别	财务比率　年份	2013	2014	2015
财务结构	负债占资产比率（%）	13.6	12.5	19.3
	长期资金占不动产/厂房及设备比率（%）	486.5	539.7	267.2
偿债能力	流动比率（%）	433.7	459.4	433.7
	速动比率（%）	359.8	364.9	359.8
经营能力	应收款项周转率（次）	12.7	13.9	11.6
	B3 平均收现日数	28.74	26.25	31.46
	存货周转率（次）	16	14.8	9.75
	B2 存货周转天数（平均在库天数）	22.81	24.66	37.43
	不动产/厂房及设备周转率（次）	6	6.2	2.94
	B1 总资产周转率（次）	1.1	1.0	0.69
2 获利能力	资产报酬率（%）RoA	28.1	25.8	14.89
	权益报酬率（%）RoE	32.5	29.7	17.66
	税前纯益占实收资本比率（%）	109.6	108.4	60.86
	营业毛利率（%）①	31.86	31.74	26.94
	营业利益率（%）②	27.46	26.74	20.91
	经营安全边际率%=②/①越大越好	86.19	84.25	77.62
	纯益率（%）=净利率	25.2	24.6	21.6
	每股盈余（元）	9.6	9.5	5.37
	税后净利 单位：百万元	2,221	2,188	1,239
现金流量	现金流量比率（%）	232.4	222.1	108.9
	现金流量允当比率（%）	96.6	97.6	84.05
	现金再投资比率（%）	5.72	2.01	(4.34)

营业活动现金流量（from 利润表） 单位：百万元	2,310	2,120	1,505
投资活动现金流量（from B/S 左边）单位：百万元	(630)	(359)	(470)
理财活动现金流量（from B/S 右边）单位：百万元	(1,720)	(1,910)	(1,134)

图 3-20　中碳 2013—2015 年财务报表

B1 总资产周转率逐步下滑，在 2015 年度的数据为 0.69 次，小于 1，代表这家公司为一家资本密集的公司，也就是这个公式中的分母（总资产）变大或是分子（营业收入）金额变小。具体情况，还必须请您自行深入了解该公司于当时发布的相关新闻资料，但就算我们了解不到相关的产业信息，其实也没有关系。凡是遇到一家公司的总资产周转率<1，接下来马上要顺着 2 和 3 看其他数据。

2 现金与约当现金占总资产的比率为12.6%，符合10%～25%的基本要求，但这个数据还是偏低，因为该公司的总资产周转率<1。

Ⓑ3 应收账款平均收现日数为31.46天，表现相当优异（因为一般B2B行业的公司在台湾的收款天数约为90天）。但该公司2015年的数据与前两年相比，有逐步下滑的迹象。

Ⓑ2 存货周转天数为37.43天，表现相当优异，因为一般B2B行业的在库天数为60～90天，而这家的数据非常接近流通业的日数。但与前两年相比，有小幅下滑的迹象。

假设我们无法及时得知该公司相关产业发展信息，仅就该公司的财务报表数据来进行经营能力综合评估的话，可以得到以下结论：

A. 这家公司的总资产经营能力逐步下滑，可能是因为营收大幅下滑，或是公司扩大资本支出，进行相关的新产品、新设备的投资。如果这个数据下滑的原因是后者（加大资本投资），则属于好消息。

B. 该公司的存货在库天数与应收账款平均收现日数，两个指标虽然也呈现下滑趋势，但与一般B2B行业的公司相比，表现仍属非常优异。

C. 如果我是该公司的股票持有者，我会特别关注2016年的年报中，这3个数据是否有所改善。如果持续下滑，我会减少持股；如果能逐步改善，则会维持继续投资的立场。

统一超

五大财务比率分析的资料来源：http://ppt.cc/MvMW
现金流量表的资料来源：http://ppt.cc/yoeAg

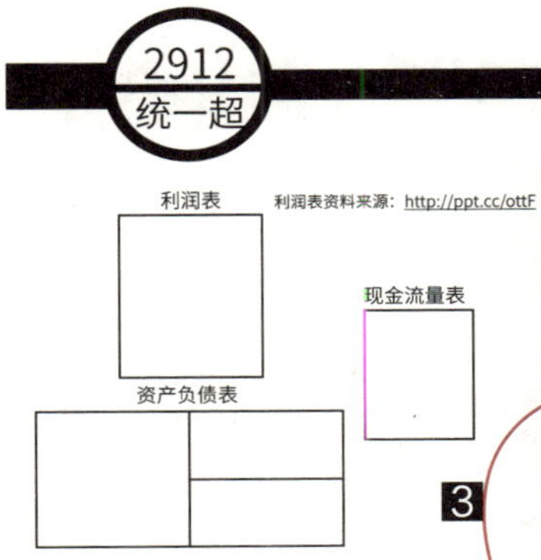

资产负债表资料来源：http://ppt.cc/gf/FN

年份→	2013	2014	2015
现金与约当现金（占总资产%）	25.16	24.99	25.72
应收账款（占总资产%）	4.62	4.83	4.81
存货（占总资产%）	12.18	12.55	12.92
流动资产（占总资产%）	55.63	54.83	54.85
总资产（占总资产%）	100	100	100
应付账款（占总资产%）	19.57	19.94	18.94
流动负债（占总资产%）	56.45	55.14	55.59
长期负债（占总资产%）	10.62	9.57	9.63
股东权益（占总资产%）	32.93	35.29	34.78
总负债+股东权益(占总资产%)	100	100	100

类别	财务比率　年份	2013	2014	2015
财务结构	负债占资产比率（%）	60.7	65.5	65.22
	长期资金占不动产/厂房及设备比率（%）	168.79	168.6	177.7
偿债能力	流动比率（%）	98.55	99.11	98.67
	速动比率（%）	74.54	73.98	72.96
经营能力	应收款项周转率（次）	49.44	50.07	48.67
	B3 平均收现日数	7.38	7.29	7.5
	存货周转率（次）	13.2	13.31	12.47
	B2 存货周转天数（平均在库天数）	27.65	27.42	29.27
	不动产/厂房及设备周转率（次）	9.31	9.07	9.25
	B1 总资产周转率（次）	2.4	2.37	2.35
获利能力 2	资产报酬率（%）RoA	11.27	12.05	10.88
	权益报酬率（%）RoE	35.79	35.44	30.76
	税前纯益占实收资本比率（%）	108.62	121.29	112.37
	营业毛利率（%）①	31.61	32.18	32.26
	营业利益率（%）②	5.08	5.1	4.68
	经营安全边际率%=②/①越大越好	16.07	15.85	14.51
	纯益率（%）=净利率	4.61	4.92	4.6
	每股盈余（元）	7.73	8.74	7.92
	税后净利　单位：百万元	9,242	10,248	9,442
现金流量	现金流量比率（%）	27.95	32.86	32.92
	现金流量允当比率（%）	136.76	131.32	121.06
	现金再投资比率（%）	14.09	16.06	12.98

营业活动现金流量（from 利润表）单位：百万元	13,174	14,492	16,357
投资活动现金流量（from B/S 左边）单位：百万元	(5,330)	(5,411)	(7,398)
理财活动现金流量（from B/S 右边）单位：百万元	(7,012)	(8,064)	(7,412)

图 3-21　统一超 2013—2015 年财务报表

B1 总资产周转率近 3 年在 2.4 次左右。此数值小于 1 代表是资本密集行业，数值在 1 ~ 2 代表这家公司的整体经营能力很不错，大于 2 代表这家公司的经营能力相对优异，通常是流通业或快时尚的行业。

2 现金与约当现金占总资产的比率，近 3 年都维持在 25% 左右，代表这家公司的财务策略非常稳健。

Ⓑ3 应收账款平均收现日数在 8 天以内，代表这家公司属于收现金交易的行业。另外在阅读财报的时候，记得要运用我们的生活常识来验证财报的真实性。以这家公司为例，应收账款平均收现日数＜15 天，刚好符合生活常识，代表它的财报可信度高。

为什么笔者这么强调要大家运用既有的生活常识呢？因为在实际生活中，我们不是天天跟公司总经理在一起，无法判断对方的诚信状况，如果我们能够同时运用生活常识验证这家公司的财报数据，就好比多了一道核查手续，能够帮助我们在投资过程中避免买到地雷股。

Ⓑ2 存货周转天数在 30 天以内。这个数据到底好不好？您可以进行同行业分析来确认。还记得前面提到的沃尔玛与好市多的存货在库天数吗？沃尔玛约为 45 天，而几乎每一家在台湾的分店天天都大排长龙的好市多约为 31 天。换句话说，统一超的存货平均在库天数已经比全世界分店最多、市值最高的沃尔玛还要厉害。这应该也算是台湾另类的经济奇迹！

宝成工业

五大财务比率分析的资料来源：http://ppt.cc/MvMW
现金流量表的资料来源：http://ppt.cc/yoeAg

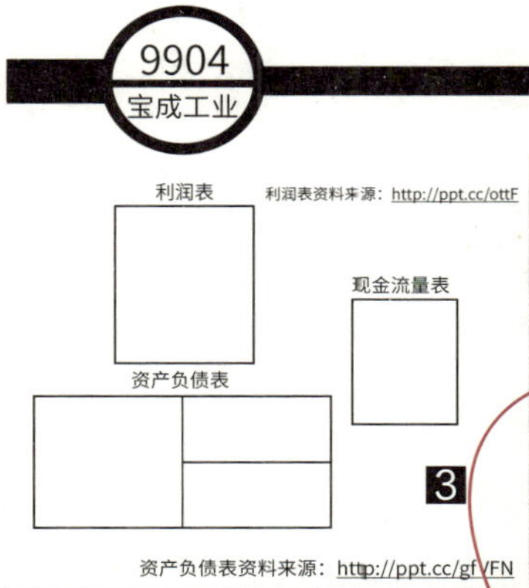

年份→	2013	2014	2015
现金与约当现金（占总资产%）	11.93	12.72	13.48
应收账款（占总资产%）	12.07	11.44	12.04
存货（占总资产%）	16.56	17.01	16.48
流动资产（占总资产%）	52.89	52.59	51.91
总资产（占总资产%）	100	100	100
应付账款（占总资产%）	5.14	4.9	5.5
流动负债（占总资产%）	27.11	27.34	32.84
长期负债（占总资产%）	17.42	16.95	11.99
股东权益（占总资产%）	55.46	55.72	55.16
总负债+股东权益(占总资产%）	100	100	100

类别	财务比率　年份	2013	2014	2015
财务结构	负债占资产比率（%）	44.53	44.28	44.83
	长期资金占不动产/厂房及设备比率（%）	306.04	312.44	270.07
偿债能力	流动比率（%）	195.09	192.38	158.03
	速动比率（%）	125.27	123.22	102.67
经营能力	应收款项周转率（次）	7.48	7.69	8
	B3 平均收现日数	48.79	47.46	45.62
	存货周转率（次）	4.3	4.15	4.24
	B2 存货周转天数（平均在库天数）	84.88	87.95	86.08
	不动产/厂房及设备周转率（次）	3.76	3.98	4.03
	B1 总资产周转率（次）	0.92	0.93	0.97
2 获利能力	资产报酬率（%）RoA	7.29	5.66	6.33
	权益报酬率（%）RoE	12.51	9.56	10.81
	税前纯益占实收资本比率（%）	63.62	53.91	68.68
	营业毛利率（%）①	22.29	22.65	23.97
	营业利益率（%）②	4.46	3.25	4.59
	经营安全边际率%=②/①越大越好	20.01	14.35	19.15
	纯益率（%）=净利率	7.46	5.68	6.16
	每股盈余（元）	3.62	2.93	3.24
	税后净利　单位：百万元	16,911	13,859	16,601
现金流量	现金流量比率（%）	20.62	18.43	23.91
	现金流量允当比率（%）	101.68	82.03	96.29
	现金再投资比率（%）	4.11	4.25	7.01

	2013	2014	2015
营业活动现金流量（from 利润表）　单位：百万元	13,876	13,758	22,044
投资活动现金流量（from B/S 左边）单位：百万元	(3,101)	(7,121)	(9,463)
理财活动现金流量（from B/S 右边）单位：百万元	(9,185)	1,493	(7,270)

图 3-22　宝成工业 2013—2015 年财务报表

B1 总资产周转率近 3 年小于 1，代表这是一家资本密集的行业，所以应立即沿着2与3检查其他数据。要知道，制鞋业同时也是劳动力密集的行业。

2 现金与约当现金占总资产的比率，近 3 年平均约为 13%。以资本密集的行业来看，这家公司的现金存量偏低。接下来沿着3进行查看。

Ⓑ3 应收账款平均收现日数，3 年平均约为 47 天。数据大于 15 天，通常代表这是一家 B2B 行业的公司，而且以一般 B2B 行业的平均标准来看，这家公司的应收账款管理能力不错。可是，如果您找同行业公司的数据进一步分析，例如 9910 丰泰，便可发现丰泰的应收账款平均收现日数近 3 年平均为 25 天。相较之下，宝成工业的应收账款管理能力与同行相比偏弱。看来这家公司自己也意识到这个问题，后来数据逐年改善。

Ⓑ2 存货周转天数的表现平均 3 年约为 85 天，如果以同行业的 9910 丰泰的存货周转天数 45 天进行比较，我们会发现这家公司的存货管理能力偏弱。

实战分析练习

通过以上对不同行业公司的简单分析，相信您对“经营能力”（翻台率越高越好），已经具有立体的阅读观。接下来，请您进行分析练习。熟能生巧，相信下一次您再看到这些数据，就已具备轻松解析关键指标的能力，再也不会恐慌啰！

表 3-5　经营能力分析练习卡

公司名称 股票代号		指标Ⓑ　**经营能力 = “翻台率，越高越好”**				您觉得自己投资以后，对这家公司的经营能力有信心吗？（满分 100 分）
		重要性 50 分		重要性 25 分	重要性 25 分	
		Ⓑ1 总资产周转率 > 1 吗？ 如果是 < 1，代表烧钱，马上沿着2、3检查		Ⓑ2 存货周转天数是否合理？商品好不好卖？	Ⓑ3 应收账款平均收现日数？（收现金的行业会 < 15 天）	
		> 1 OK	< 1（资本密集）沿着2、3检查			
01	大立光 3008					
02	台积电 2330					

（续表）

<table>
<tr><td colspan="2" rowspan="4">公司名称
股票代号</td><td colspan="4">指标Ⓑ　经营能力＝“翻台率，越高越好”</td><td rowspan="4">您觉得自己投资以后，对这家公司的经营能力有信心吗？（满分100分）</td></tr>
<tr><td colspan="2">重要性50分</td><td>重要性25分</td><td>重要性25分</td></tr>
<tr><td colspan="2">Ⓑ1
总资产周转率＞1吗？
如果是＜1，代表烧钱，马上沿着2、3检查</td><td rowspan="2">Ⓑ2
存货周转天数是否合理？商品好不好卖？</td><td rowspan="2">Ⓑ3
应收账款平均收现日数？（收现金的行业会＜15天）</td></tr>
<tr><td>＞1 OK</td><td>＜1（资本密集）
沿着2、3检查</td></tr>
<tr><td>03</td><td>中碳
1723</td><td colspan="2"></td><td></td><td></td><td></td></tr>
<tr><td>04</td><td>广隆光电
1537</td><td colspan="2"></td><td></td><td></td><td></td></tr>
<tr><td>05</td><td>皇田工业
9951</td><td colspan="2"></td><td></td><td></td><td></td></tr>
<tr><td>06</td><td>友通通讯
2397</td><td colspan="2"></td><td></td><td></td><td></td></tr>
<tr><td>07</td><td>佳格
1227</td><td colspan="2"></td><td></td><td></td><td></td></tr>
<tr><td>08</td><td>联钧
3450</td><td colspan="2"></td><td></td><td></td><td></td></tr>
<tr><td>09</td><td>为升
2231</td><td colspan="2"></td><td></td><td></td><td></td></tr>
</table>

（续表）

公司名称 股票代码		指标Ⓑ 经营能力 = “翻台率，越高越好”				您觉得自己投资以后，对这家公司的经营能力有信心吗？（满分 100 分）
		重要性 50 分		重要性 25 分	重要性 25 分	
		B1 总资产周转率 > 1 吗？ 如果是 < 1，代表烧钱，马上沿着 2、3 检查		B2 存货周转天数是否合理？商品好不好卖？	B3 应收账款平均收现日数？（收现金的行业会 < 15 天）	
		> 1 OK	< 1（资本密集） 沿着 2、3 检查			
10	日友 8341					
11	中兴保全 9917					
12	神基科技 3005					
13	宝成工业 9904					
14	台数科 6464					
15	巨大 9921					
16	恒大 1325					

（续表）

公司名称 股票代号		指标B 经营能力＝“翻台率，越高越好”				您觉得自己投资以后，对这家公司的经营能力有信心吗？（满分100分）
		重要性50分		重要性25分	重要性25分	
		B1 总资产周转率＞1吗？ 如果是＜1，代表烧钱，马上沿着2、3检查		B2 存货周转天数是否合理？商品好不好卖？	B3 应收账款平均收现日数？（收现金的行业会＜15天）	
		＞1 OK	＜1（资本密集） 沿着2、3检查			
17	邦特生技 4107					
18	可宁卫 8422					
19	帆宣科技 6196					
20	台达电 2308					
21	帝宝 6605					
22	新光保全 9925					
23	中华电信 2412					

（续表）

<table>
<tr><td rowspan="4" colspan="2">公司名称
股票代号</td><td colspan="4">指标Ⓑ　经营能力 = “翻台率，越高越好”</td><td rowspan="4">您觉得自己投资以后，对这家公司的经营能力有信心吗？（满分100分）</td></tr>
<tr><td colspan="2">重要性 50 分</td><td>重要性 25 分</td><td>重要性 25 分</td></tr>
<tr><td colspan="2">B1
总资产周转率 > 1 吗？
如果是 < 1，代表烧钱，马上沿着2、3检查</td><td rowspan="2">B2
存货周转天数是否合理？商品好不好卖？</td><td rowspan="2">B3
应收账款平均收现日数？（收现金的行业会 < 15 天）</td></tr>
<tr><td>> 1 OK</td><td>< 1（资本密集）
沿着2、3检查</td></tr>
<tr><td>24</td><td>旭隼
6409</td><td colspan="2"></td><td></td><td></td><td></td></tr>
<tr><td>25</td><td>万洲化学
1715</td><td colspan="2"></td><td></td><td></td><td></td></tr>
<tr><td>26</td><td>剑麟
2228</td><td colspan="2"></td><td></td><td></td><td></td></tr>
<tr><td>27</td><td>数字科技
5287</td><td colspan="2"></td><td></td><td></td><td></td></tr>
<tr><td>28</td><td>卜蜂
1215</td><td colspan="2"></td><td></td><td></td><td></td></tr>
<tr><td>29</td><td>振桦电
8114</td><td colspan="2"></td><td></td><td></td><td></td></tr>
<tr><td>30</td><td>统一超
2912</td><td colspan="2"></td><td></td><td></td><td></td></tr>
</table>

（续表）

<table>
<tr><td rowspan="4" colspan="2">公司名称
股票代号</td><td colspan="4">指标Ⓑ　经营能力 =“翻台率，越高越好”</td><td rowspan="4">您觉得自己投资以后，对这家公司的经营能力有信心吗？（满分 100 分）</td></tr>
<tr><td colspan="2">重要性 50 分</td><td>重要性 25 分</td><td>重要性 25 分</td></tr>
<tr><td colspan="2">Ⓑ1
总资产周转率 > 1 吗？
如果是 < 1，代表烧钱，马上沿着❷、❸检查</td><td rowspan="2">Ⓑ2
存货周转天数是否合理？商品好不好卖？</td><td rowspan="2">Ⓑ3
应收账款平均收现日数？（收现金的行业会 < 15 天）</td></tr>
<tr><td>> 1 OK</td><td>< 1(资本密集)
沿着❷、❸检查</td></tr>
<tr><td>31</td><td>鸿海
2317</td><td colspan="2"></td><td></td><td></td><td></td></tr>
<tr><td>32</td><td>中钢
2002</td><td colspan="2"></td><td></td><td></td><td></td></tr>
</table>

※ 投资有风险，股票投资有赚有赔，买股前请详阅公开说明书（财务报表）。

Chapter

4

从获利能力破解
这是不是一门好生意

通过前面的学习，相信大家已经懂得要优先看“现金流量”（比气长，越长越好）与“经营能力”（翻台率，越高越好）等重点了。

接下来，我要教大家看第三个重要的指标——“获利能力”。这个指标的中翻中是：

这是不是一门好生意？越高越好。

获利能力在公开资讯观测站的五大财务比率分析的位置，如图4-1中的红框所示。

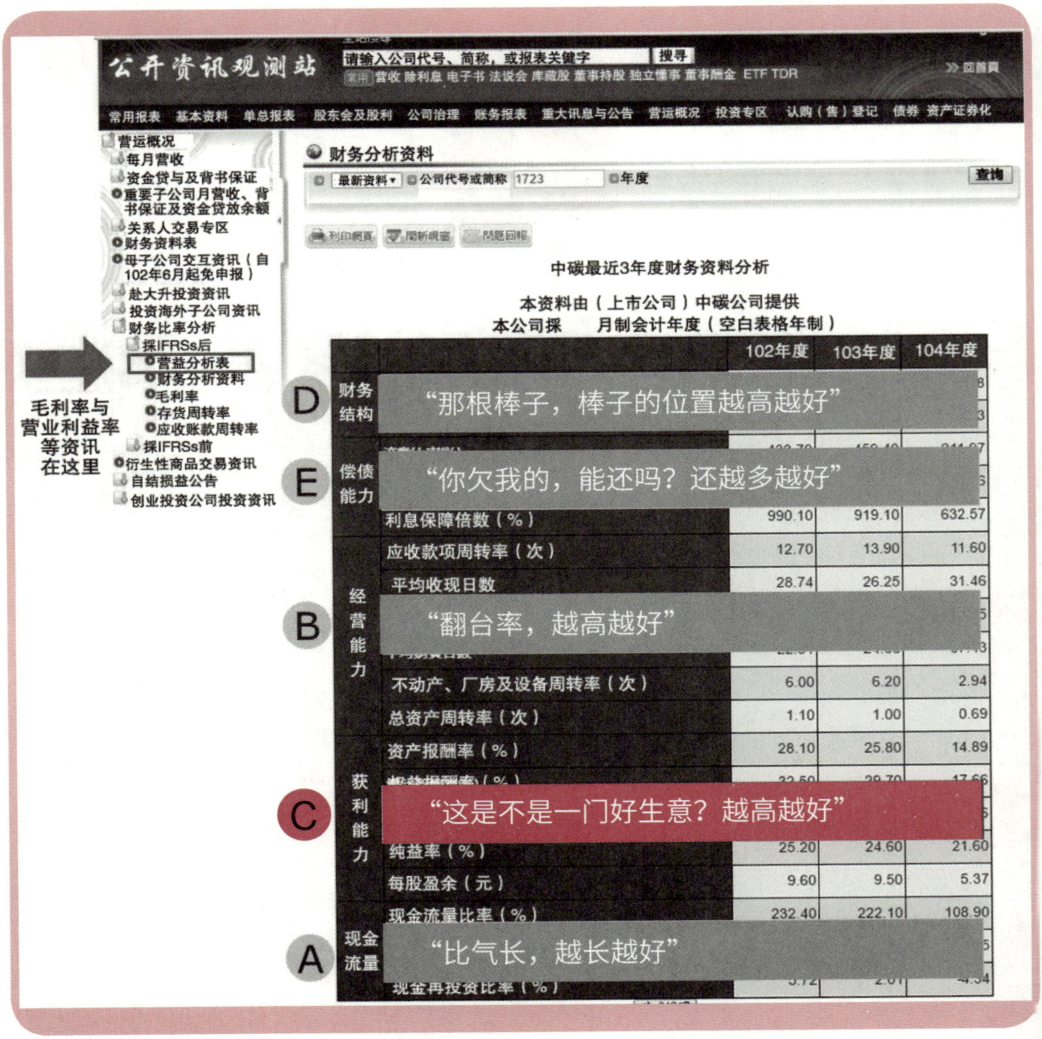

图4-1 获利能力在五大财务比率分析的位置

至于判断一家公司是不是好生意，则请您参考图 4-2，有 6 个重要的指标需要观察。

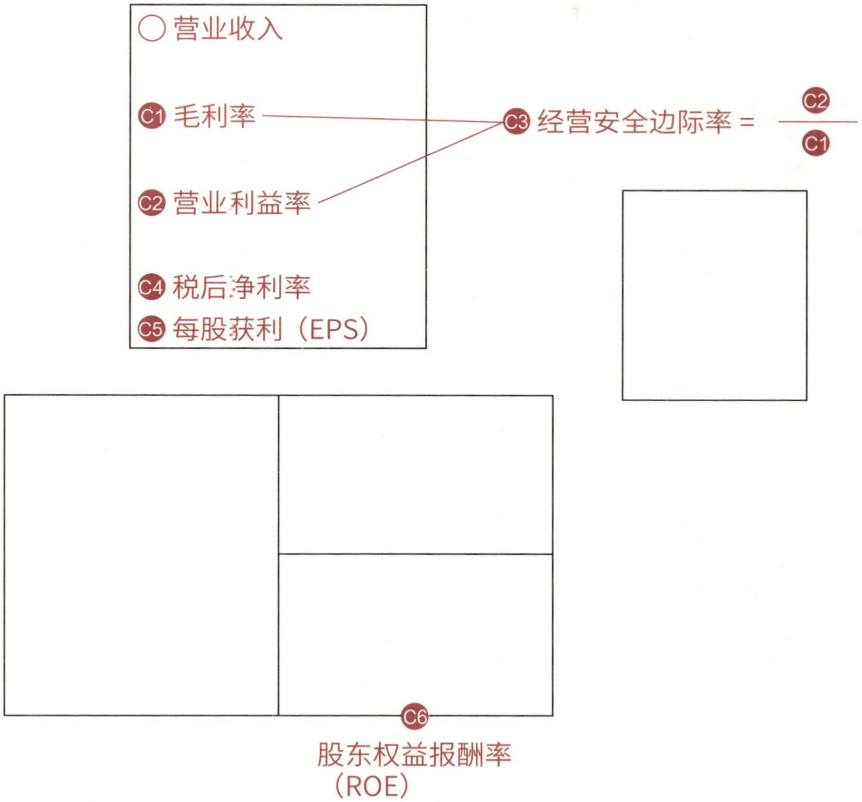

图 4-2　好生意的 6 大关键指标

C1 毛利率：一门生意的好坏

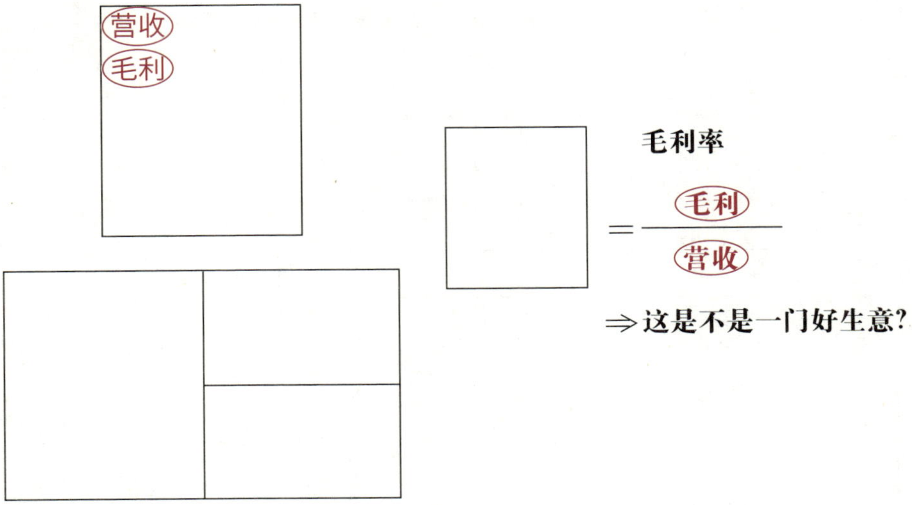

图 4-3　“这是不是一门好生意？”

毛利率高，代表这真是一门好生意！毛利率低，代表这真是一门不好做的生意。如果毛利率是负的，代表这真是一门烂生意。

接下来我们参考表 4-1，从毛利率来看看 6 家公司的表现。

表 4-1　6 家公司的毛利率

2015 年年报资料	大立光 3008	台积电 2330	中碳 1723	统一超 2912	巨大 9921	鸿海 2317
毛利率（这是不是一门好生意）	57.38%	48.65%	26.94%	32.26%	22.16%	7.15%

可以看出，半导体行业的台积电与光电行业的大立光的毛利率非常高，分别为 48.65% 与 57.38%，中翻中为“这真是一门好生意！”属于传统行业的中碳，毛利率表现也相当不错，高达 26.94%；流通业之王的统一超毛利率也很好，高达 32.36%。

身为品牌公司，巨大的毛利率是 22.16%。一般纯粹经营品牌的公司，毛利率通常都要在 30% 以上才算是表现优良，因为这种公司只要有一定的毛利率，就有足够的利润空间支撑品牌推广时所需的相关费用。

根据苹果与宏达电的 2015 年年报资料，前者毛利率为 40%，后者仅剩 18%，所以在营销推广上，宏达电的经费越来越少。巨大的毛利率为 22.16%，如果纯粹把它当作一家经营品牌的公司来看，这一毛利率偏低。笔者推测应该是巨大仍有非常高比率的 ODM（承接设计制造业务）生意所致，因为相对品牌业务而言，ODM 代工生意的毛利率偏低。故两种生意模式（品牌与 ODM）兼有的巨大，毛利率最后仅有 22.16%，算偏低。

作为科技制造业代表的鸿海，其优异的经营能力表现，全世界都有目共睹，但是其毛利率只有 7.15%，中翻中为“这真是一门不好做的生意”。所以即使鸿海经营能力表现优异，但却一直没有受到投资人的青睐，就是因为它的毛利率偏低，使投资人对该公司的未来前景与发展空间有些怀疑。

一家公司的毛利率偏高，有以下可能：该公司进入一个蓝海市场（竞争者较少）、拥有特殊的一技之长（如台积电与大立光），或是进入该行业门槛非常高（如需要特许经营的电信行业），别的竞争对手很难进入等等。

一家公司的毛利率偏低，代表该市场竞争激烈，为了生存大家不得不通过降价竞争。通过规模经济、专业分工、联合采购，或是各种流程效率化的做法，仍有机会维持竞争力与基本的获利能力，但是整体来说，这种行业的前景不被看好。

●负毛利率公司的唯一活路

一家公司的毛利率是负的，其情况与表 4-2 所列公司类似：

表 4-2　3 家破产公司最后 3 年年报数据

茂德 5387	破产前最后 3 年年报数据			
	年度	2008 年	2009 年	2010 年
	毛利率（这是不是一门好生意）	－61.9%	－212%	－47.8%

力晶 5346	破产前最后 3 年年报数据			
	年度	2008 年	2009 年	2010 年
	毛利率（这是不是一门好生意）	－44.7%	9.3%	－42.4%

典航 6702	破产前最后 3 年年报数据			
	年度	2008 年	2009 年	2010 年
	毛利率（这是不是一门好生意）	6.1%	12.73%	－11.57%

以茂德为例，该公司最后 3 年的毛利率分别为 -61.9%、-212% 与 -47.8%。

如果您临危受命担任这家公司的总经理，假设只有下列 3 种方案可以选择，您会如何拯救这家公司？

（a）想尽办法增加营收。

（b）要求全面控制成本。

（c）严格控管公司相关费用支出。

不论您是选择（a）、（b）或是（c），都要恭喜您！好不容易您盼望已久的总经理位置终于到手了！但只要您决定将公司资源集中在任何一种方案上，不论您选择的是（a）、（b）或是（c），这家公司都将被您的英明领导弄到破产！

巴菲特曾说："除了少数例外，当拥有'才华过人'声誉的管理者，去经营一家经济基本面烂得出名的企业时，最后名声不变的必是那家企业。"

换句话说，如果一家公司连续 3 年毛利率都是负值，而且负数越来越小，起死回生唯一的（可能）选项是转行！因为原有行业已经无利可图，只要留在原行业多一天，亏损就会不断扩大，唯一生存之道就是转行，转到别的行业或应用领域。2012 年 12 月宣布破产的力晶，就是采取了转行的策略，于是在 2016 年又成为一家赚钱的企业。

提醒：不论您有多少内线消息，建议不要投资任何"连续 3 年毛利率都是负值"的公司。除非这家公司仍有大笔现金，它才有机会东山再起，否则您用于短线投机的资金，最后可能会血本无归。

C2 营业利益率：一家公司赚钱的真本事

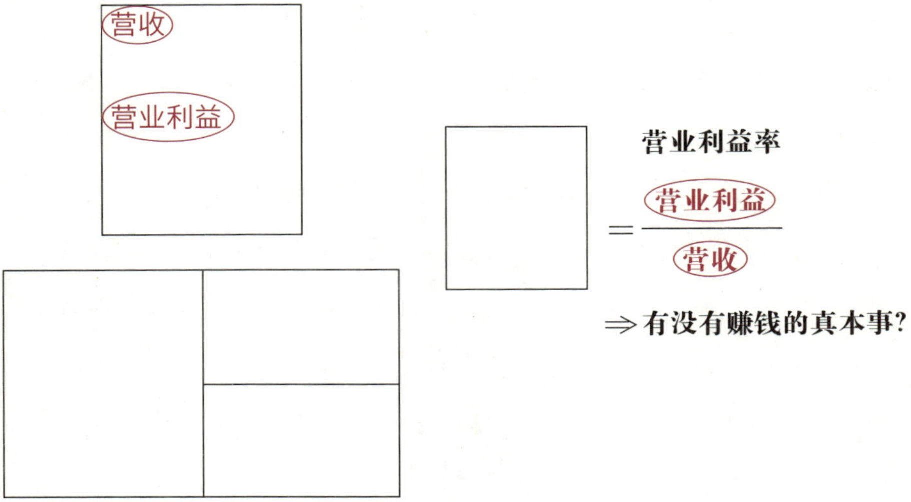

图 4-4　“有没有赚钱的真本事？”

毛利率越高越好，有这个特点的公司相当不错。但是，万一这家公司的开销也很大呢？会不会开销过大，结果毛利率很高，但是公司最后反而没赚钱呢？

为了避免这个问题发生，除了毛利率之外，第二个要看的重要指标就是营业利益率。

　　营业收入
－　营业成本
　　毛利 → 这是不是一门好生意
－　营业费用
　　营业利益 → 有没有赚钱的真本事

一家公司的收入减去成本与费用之后，就叫作“营业利益”，而这个金额的高低，代表一家公司赚钱的真本事的高低。

其中，从经营一家公司的费用（包

含了营销费用、管理费用、研究费用、折旧费用与分期摊销五种费用）大小，也可以看出一家公司在市场的相对位置。

当然，不同的产业有不同的产业特性，笔者通过分析全球数万家公司的财务报表，发现了一些有趣的相同之处：

1. 营业费用率 < 10%：通常代表这家公司在自己的领域已经具有相当大的规模，例如具有一技之长的公司（如台积电、大立光），或是在该行业市场占有率前三名的公司。

2. 营业费用率 < 7%：通常代表这家公司不但已经具有很大的规模，而且在经营上的费用也相当节省，例如台塑与鸿海集团等公司，都是在各自业界以“勤俭持家”著称。

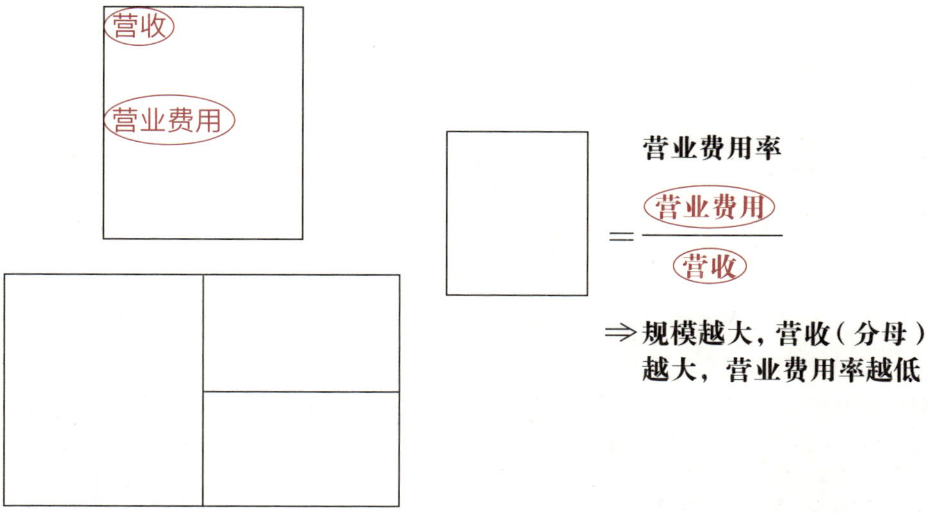

图 4-5 “赚钱真本事”

3. 营业费用率 > 20%：可能出现在下列几种行业中。

（a）自有品牌的公司，因为产品推广的营销费用相当昂贵。例如宏达电

（HTC）近两年的费用率平均都在30%；阿瘦皮鞋近几年的费用率也都在50%上下。

（b）尚未具有规模经济的公司，所以分母（营业收入）过小，例如生物技术、医疗等行业。

（c）该市场蓬勃发展，但仍需持续规范市场的行业，例如网络公司谷歌、亚马逊、优步、中国大陆的滴滴打车与1号专车等公司。

（d）需要不断促销（例如买一送一、第二件七折）客户才会回流的流通业公司，例如7-11便利商店、屈臣氏、全联社等。

（e）餐饮业有一句行话，“开餐厅，房租、水电、人事等费用至少占了三分之一”，代表这类行业的费用率至少有33%。也正是因为费用率如此高，餐饮业的毛利率通常需要达到50%。只有如此高的毛利率，才能有足够的利润支付经营餐厅所需要的高额费用。

●综观毛利率与营业费用率

在您学会这些基础的商务常识之后，我们根据表4-3，来看看下面这几家公司的表现。

表4-3　6家公司的毛利率与营业费用率表现

2015年年报资料	大立光 3008	台积电 2330	中碳 1723	统一超 2912	巨大 9921	鸿海 2317
C1 毛利率（这是不是一门好生意）	57.38%	48.65%	26.94%	32.26%	22.16%	7.15%
C2 营业利益率（赚钱的真本事）	49.5%	37.94%	20.91%	4.68%	8.04%	3.66%

（续表）

2015 年年报资料	大立光 3008	台积电 2330	中碳 1723	统一超 2912	巨大 9921	鸿海 2317
营业费用率 = Ⓒ1 — Ⓒ2（销／管／研／折旧／分期摊销等费用）	7.88%	10.71%	6.03%	27.58%	14.12%	3.49%

资料来源：公开资讯观测站。

1. 大立光与台积电：两家公司的毛利率都很高，尤其营业费用率也控管得相当得宜，分别为 7.88%（代表大立光的规模经济很大，而且非常节省）、10.71%（代表台积电在自己的领域属于世界级的大规模公司）。

2. 中碳：属于传统行业，但毛利率仍高达 26.94%，而且该公司在自己的领域具有规模优势。此外，经营费用也相当省，费用率仅有 6.03%，符合我们之前学到的经济常识。

3. 巨大：毛利率偏低，仅有 22.16%，因为它除了自有品牌生意之外，还有传统毛利较低的 ODM 业务。总体来说，该公司的费用控管相当不错，因为一般品牌公司的费用率可达 20%，但巨大的营业费用率仅有 14.12%，代表这家公司在自己的领域已经做到非常大的规模了。

4. 鸿海：毛利率仅有 7.15%，营业费用率也只有 3.49%，代表鸿海集团在自己的领域是一家规模庞大的公司，而且非常节省。其老板在公务上使用的私人飞机，都是自己出钱购买的，没有使用公司资金，由此可以看出这是一位正派经营的老板。只可惜该行业的毛利率过低，要不然这种用心经营的老板，还真是值得我们投资的。

5. 统一超：毛利率高达 32.26%，但它相对需要常常做营销活动吸引消费者再次消费，所以该公司的费用率偏高，为 27.58%，也符合前面所提到的经济常识。

C3 经营安全边际率：对抗经济被动的能力

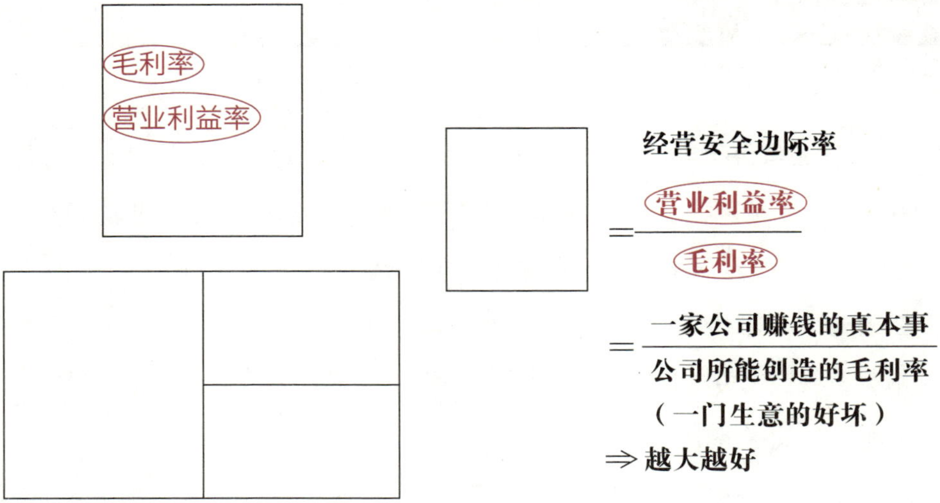

图 4-6 “越大越好”之经营安全边际率

经营安全边际率是营业利益率占毛利率的比率，我们可以借此看出一家公司的长期稳定获利能力，由此判断它在对抗经济波动时的空间大不大。

经营安全边际率越高，代表公司获利的宽裕度越高，也代表面对杀价竞争时可以撑得比较久，所以这个数字越大越好。

我们看图 4-6，假设经营安全边际率为 60%，代表如果该公司的毛利率不下降到超过 60%，公司仍能小赚，或控制在不赚不赔的损益两平状态。这也代表如果市场持续杀价竞争下去，一旦毛利率跌破 60%，就不再是一门好生意，这家公司就会开始亏钱。

换句话说，经营安全边际率越高，抵抗经济波动的能力也就越大。

经验法则告诉我们，经营安全边际率>60%，通常代表这家公司有较宽裕的获利空间，在面临突如其来的经济波动时，它将比其他竞争对手具有较高的抵抗能力。

由表 4-4 可以看出，大立光、台积电与中碳，这 3 家公司抵抗黑天鹅效应的能力非常强，因为 3 家公司的经营安全边际都大于 77%。拥有如此高的经营安全边际率的公司，真的很少！

表 4-4　6 家公司的经营安全边际率表现

2015 年年报资料	大立光 3008	台积电 2330	中碳 1723	统一超 2912	巨大 9921	鸿海 2317
ⓒ1 毛利率（这是不是一门好生意）	57.38%	48.65%	26.94%	32.26%	22.16%	7.15%
ⓒ2 营业利益率（赚钱的真本事）	49.5%	37.94%	20.91%	4.68%	8.04%	3.66%
经营安全边际率 =ⓒ2 / ⓒ1，越大越好	86.27%	77.99%	77.62%	14.51%	36.28%	51.19%

资料来源：公开资讯观测站

另外，以鸿海为例，该公司在自己专业代工的领域，已经具有世界第一的规模，而且费用控管非常优异，营业费用率不到 3.5%，所以经营安全边际率的表现非常好。这也代表万一鸿海需要面对其他竞争者持续不理性的杀价竞争，仍有高达 51%的缓冲空间。

请特别留意鸿海公司的现金与约当现金占总资产比率。鸿海在该项目的比率，近 3 年平均高于 28%，甚至比笔者在本书中给大家的建议（公司应维持 10% ~ 25%的现金存量）还要高！

这究竟代表什么意思呢？

如果在市场中，鸿海的竞争对手全都疯狂杀价来抢单，这时鸿海除了有51％的降价空间可与其他竞争对手对抗之外，手上的现金的水位也比其他竞争对手高。万一这个时候再来一次金融海啸，其他竞争者都阵亡后，鸿海依然可以屹立不倒，存活在市场里持续接单。

任何一家上市上柜公司的老板，都应该将自己公司的财务状况布局到这种等级，才能获得长期稳定的获利能力。如此，自己的公司才具有抵抗经济波动、持续存活下来的能力。

同理，当我们角色变换，变成一位投资者时，也应该从各家的财务报表中去找寻更多这种类型的公司：经营安全边际率高、手上现金充足的公司。

当我们投资下去之后，不管市场发生什么事情，这些公司都具有抵抗经济波动的能力。当其他竞争者都阵亡之后，您所投资的公司，就会顺理成章地接收了阵亡竞争者原有的市场份额。

●网络流通业的独特性

由于统一超的状况比较特别，于是笔者找了一家同属流通业，但营运模式不同的公司“网路家庭 PChome”进行对比（详见表 4-5）。把这两家公司放在一起比较，可以发现几个有趣的现象：

1. 以实体店铺营业的 7-11 便利商店毛利率比较高，而主打网络销售的 PChome 毛利率只有 17％，符合网络平台常常杀价竞争的特性。

2. 赚钱的真本事（营业利益率），两家公司旗鼓相当，都大约在 4.6％。

3. 实体销售需要很多员工，才能 24 小时服务客户；而网络商城只要宽带够、平台的系统够稳定，只需要较少的人手，就能像 7-11 便利商店一样全年无休。这就是为什么实体店铺的营业费用率高达 27.58％，而网络商城的费用率仅需 12.59％。换句话说，在网络上开店经营的边际费用率会越来越低。

表 4-5　统一超与网路家庭 Pchome 的经营安全边际率比较

2015 年年报资料	统一超 7-11	网路家庭 PChome
Ⓒ1 毛利率（这是不是一门好生意）	32.26%	17.19%
Ⓒ2 营业利益率（赚钱的真本事）	4.68%	4.6%
营业费用率 = Ⓒ1 — Ⓒ2（销／管／研／折旧／分期摊销等费用）	27.58%	12.59%
Ⓒ3 经营安全边际率 = Ⓒ2 / Ⓒ1，越大越好	14.51%	26.8%

资料来源：公开资讯观测站。

4. 最有趣的数据是经营安全边际率，没想到网络商店的经营安全边际率（抵抗经济波动的能力）会远高于实体店铺的 7-11 便利商店。

这是台湾市场独有的现象吗？不是的，放眼全球，以 2016 年 12 月 1 号全球大型流通业的收盘价为准，这个现象处处皆有！因为网络销售具有上述四点财报特性，加上又符合未来趋势，故全球各地的虚拟商城的股价大多优于传统实体流通业。

表 4-6　全球大型流通业股价表现

	沃尔玛 Walmart	好市多 Costco	亚马逊 Amazon
2016.12.01 收盘价（美元 / 股）	$ 70.43	$ 150.11	$ 750.57

Ⓒ4 税后净利率：一家公司税后是否赚钱

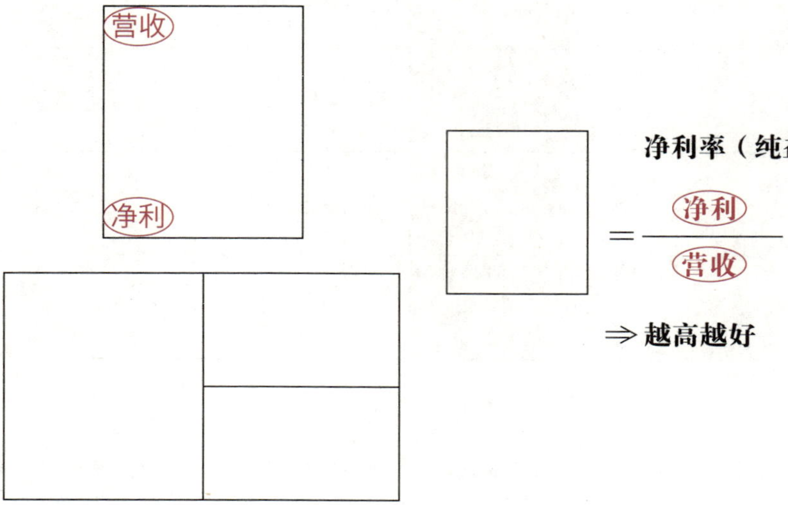

图 4-7　“越高越好”之净利率

总的来说，经营一家公司相当不容易，投资人对公司最基本的要求是：

净利率（纯益率）>资金成本

⇒报酬>成本

因为一般公司在银行体系取得的资金成本，通常都大于 2%，所以一家上市上柜公司的净利率(纯益率)至少要大于2%才值得投资。当然，净利率越高越好。

如表 4-7 所示，大立光、台积电与中碳这 3 家公司的税后净利率非常优异，分别为 43.24%、36.34%与 21.6%，甚至高过大部分上市上柜公司的毛利率！

表 4-7　6 家公司的净利率表现

2015 年年报资料	大立光 3008	台积电 2330	中碳 1723	统一超 2912	巨大 9921	鸿海 2317
C4 净利率（纯益率）	43.24%	36.34%	21.6%	4.6%	6.36%	3.35%

数据来源：公开资讯观测站。

C5 每股获利：股东可以赚多少

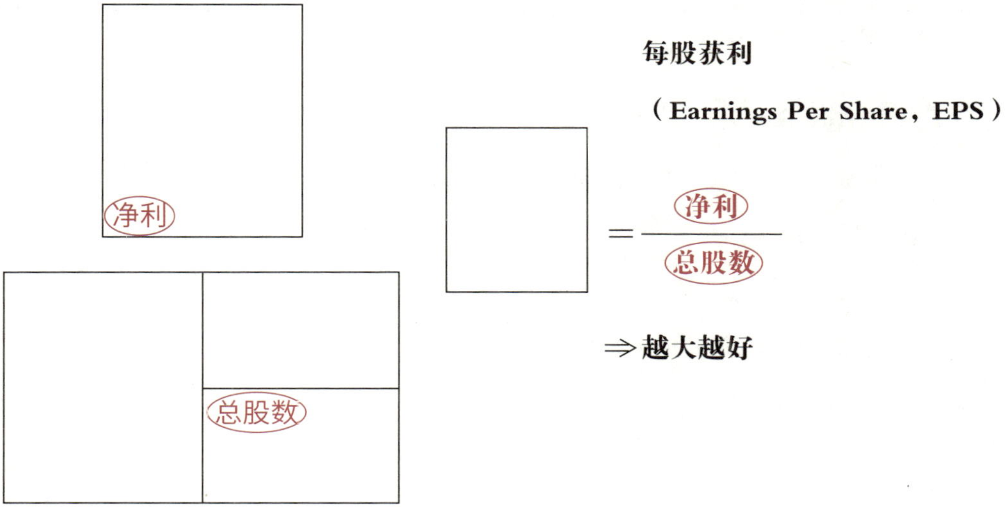

图 4-8　“越大越好”之每股获利

这个指标主要是让投资人了解，一家公司努力经营所赚得的税后净利，用总股数进行换算，每一股能帮股东赚多少钱，这当然是越多越好。

在台湾的上市上柜公司中，每股的面额大多为10元新台币。如果一家公司的EPS = 3元，代表从股票面额来看，这家公司帮股东赚了30%的税后利润；如果一家公司当年度的EPS = 18元，代表这家公司的获利能力相当惊人。

表4-8　6家公司的EPS表现

2015年年报资料	大立光 3008	台积电 2330	中碳 1723	统一超 2912	巨大 9921	鸿海 2317
C5 每股获利（每股盈余）（越高越好）	$ 180.08	$ 11.82	$ 8.37	$ 7.92	$ 10.25	$ 9.42

数据来源：公开资讯观测站。

我们同样以6家公司于2015年年报的每股获利为例，是的，您没看错，大立光的每股获利是180.08美元！换句话说，大立光2015年的获利能力等于赚了18家自己的公司（赚了18倍的股本）。

大立光在光学镜头具备独特竞争优势，该公司57.38%的高毛利率、86.27%的高经营安全边际率以及46.7%的高现金存量等因素都是极为优异的财务数据，所以大立光会成为台湾的股王。

C6 股东权益报酬率：投资获得多少回报

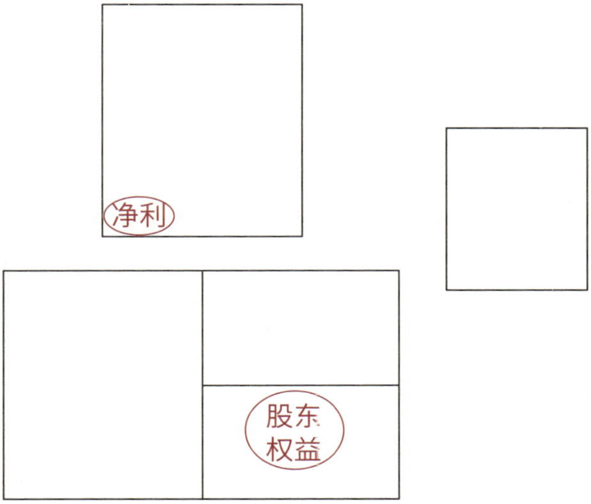

股东权益报酬率（净资产收益率）

$$=\frac{\text{股东可以分到的利益}}{\text{股东出的钱}}=\frac{\text{益}}{\text{本}}$$

$$=\frac{\text{净利}}{\text{股东权益}}=\text{ROE}$$

⇒越高越好，
ROE > 20% 就非常好

图 4-9 “越高越好”之 ROE

股东权益报酬率（Return on Equity，ROE）指的是相对于出的钱，股东可以获得多少报酬。这个指标当然是越高越好，因为我们投资一家公司，就是以股东的立场进行投资，所以这个指标非常重要。

如果您曾经研究过股神巴菲特的投资哲学，应该可以发现巴菲特非常重视下列三个指标：

1. **长期稳定的获利能力：**这源于巴菲特常提到的“护城河”“推断特定公司的竞争优势”的观念。
2. **自由现金流量：**巴菲特会用这个指标来衡量一家公司的气长不长，以及该公司每年呈现的现金流量是否为正。

3. 股东权益报酬率（ROE）： 虽说这个指标越高越好，但问题是，股东权益报酬率（ROE）到底多少以上才叫好，多少以下算是不好？

● ROE > 20%，算是非常好的公司

股神巴菲特自 1965 年至 2015 年底，每年的平均报酬率约为 20%。这 20% 似乎不多，可能比在股市随便买一只股票的获利还要低，但如果每年都维持 20%，就能创造爱因斯坦所说的世界第八奇迹——时间的复利效果。

假设您在 1965 年投资 1 万元到股神巴菲特的伯克希尔·哈撒韦公司，猜猜看经过 51 年以后，到 2015 年底，当初的 1 万元本金会变成多少？答案是 1.598 亿元（新台币）！

所以巴菲特才会说："假如你持有一家优秀企业，时间就是好朋友；但如果你持有的是表现平庸的公司，那么时间就会变成敌人。"

● ROE < 7%，可能就不值得投资

（a）一般投资者的资金成本在 2% ~ 7%，尤其当您采用信用交易（融资融券）时，资金成本大约就在 7%。ROE 至少要足以填补相关成本。

（b）机会成本问题。如果这笔钱投入一家 ROE 偏低的公司，您可能会因此错失其他更好的投资机会，进而造成机会成本损失。

表 4-9 是 6 家公司的 ROE 表现，供各位读者参考。

表 4-9　6 家公司的 ROE 表现

2015 年年报资料	大立光 3008	台积电 2330	中碳 1723	统一超 2912	巨大 9921	鸿海 2317
C6 股东权益报酬率 ROE > 20%最好	44.09%	27.04%	17.66%	30.76%	19.35%	14.69%

实战分析练习

接下来，请您进行分析练习。熟能生巧，相信下一次您再看到这些数据，就已具备轻松解析关键指标的能力，再也不会恐慌！

表 4-10 获利能力分析练习卡

公司名称 股票代号		指标Ⓒ 获利能力 = “这是不是一门好生意？越高越好”						您觉得自己投资以后，这家公司是不是一门好生意？有没有抵抗经济波动的能力？
		重要性 20 分	重要性 20 分	重要性 20 分	重要性 10 分	重要性 10 分	重要性 20 分	
		C1 毛利率（这是不是一门好生意？）	C2 营业利益率（有没有赚钱真本事？）	C3 经营安全边际率（有没有抵抗经济波动的能力？）	C4 税后净利率	C5 每股获利（EPS）	C6 股东权益报酬率（ROE）	
01	大立光 3008							
02	台积电 2330							
03	中碳 1723							

（续表）

公司名称股票代号		指标Ⓒ 获利能力＝“这是不是一门好生意？越高越好”						您觉得自己投资以后，这家公司是不是一门好生意？有没有抵抗经济波动的能力？
		重要性20分	重要性20分	重要性20分	重要性10分	重要性10分	重要性20分	
		Ⓒ1 毛利率（这是不是一门好生意？）	Ⓒ2 营业利益率（有没有赚钱真本事？）	Ⓒ3 经营安全边际率（有没有抵抗经济波动的能力？）	Ⓒ4 税后净利率	Ⓒ5 每股获利（EPS）	Ⓒ6 股东权益报酬率（ROE）	
04	广隆光电 1537							
05	皇田工业 9951							
06	友通资讯 2397							
07	佳格 1227							
08	联钧 3450							
09	为升 2231							
10	日友 8341							

（续表）

公司名称股票代号		指标Ⓒ 获利能力＝“这是不是一门好生意？越高越好”						您觉得自己投资以后，这家公司是不是一门好生意？有没有抵抗经济波动的能力？
		重要性20分	重要性20分	重要性20分	重要性10分	重要性10分	重要性20分	
		Ⓒ1毛利率（这是不是一门好生意？）	Ⓒ2营业利益率（有没有赚钱真本事？）	Ⓒ3经营安全边际率（有没有抵抗经济波动的能力？）	Ⓒ4税后净利率	Ⓒ5每股获利（EPS）	Ⓒ6股东权益报酬率（ROE）	
11	中典保全9917							
12	神基科技3005							
13	宝成工业9904							
14	台数科6464							
15	巨大9921							
16	恒大1325							
17	邦特生技4107							

（续表）

公司名称 股票代号		指标Ⓒ 获利能力＝“这是不是一门好生意？越高越好”						您觉得自己投资以后，这家公司是不是一门好生意？有没有抵抗经济波动的能力？
		重要性20分	重要性20分	重要性20分	重要性10分	重要性10分	重要性20分	
		C1 毛利率（这是不是一门好生意？）	C2 营业利益率（有没有赚钱真本事？）	C3 经营安全边际率（有没有抵抗经济波动的能力？）	C4 税后净利率	C5 每股获利（EPS）	C6 股东权益报酬率（ROE）	
18	可宁街 8422							
19	帆宣 科技 6196							
20	台达电 2308							
21	帝宝 6605							
22	新光 保全 9925							
23	中华 电信 2412							
24	旭隼 6409							

（续表）

公司名称股票代号		指标Ⓒ 获利能力＝"这是不是一门好生意？越高越好"						您觉得自己投资以后，这家公司是不是一门好生意？有没有抵抗经济波动的能力？
		重要性20分	重要性20分	重要性20分	重要性10分	重要性10分	重要性20分	
		Ⓒ1 毛利率（这是不是一门好生意？）	Ⓒ2 营业利益率（有没有赚钱真本事？）	Ⓒ3 经营安全边际率（有没有抵抗经济波动的能力？）	Ⓒ4 税后净利率	Ⓒ5 每股获利（EPS）	Ⓒ6 股东权益报酬率（ROE）	
25	万洲化学 1715							
26	剑麟 2228							
27	数字科技 5287							
28	卜蜂 1215							
29	振桦电 8114							
30	统一超 2912							
31	鸿海 2317							

（续表）

公司名称 股票代号		指标Ⓒ 获利能力＝“这是不是一门好生意？越高越好”						您觉得自己投资以后，这家公司是不是一门好生意？有没有抵抗经济波动的能力？
		重要性20分	重要性20分	重要性20分	重要性10分	重要性10分	重要性20分	
		C1 毛利率（这是不是一门好生意？）	C2 营业利益率（有没有赚钱真本事？）	C3 经营安全边际率（有没有抵抗经济波动的能力？）	C4 税后净利率	C5 每股获利（EPS）	C6 股东权益报酬率（ROE）	
32	中钢 2002							

※ 投资有风险，股票投资有赚有赔，买股前请详阅公开说明书（财务报表）。

Chapter

5

从财务结构破解公司的破产危机

“财务结构”是第四个关键数字力，在开始讲解前，我们一样先把它“中翻中”。财务结构的中翻中是：

那根棒子，棒子的位置越高越好

财务结构在公开资讯观测站的五大财务比率分析的位置，如图 5-1 中的红框所示。

不知道您是否还记得，这根棒子其实在第一章就已经出现过了，它出现在资产负债表（如图 5-2 所示）中。

在棒子的上方，是外部的资金来源，叫“负债”；在棒子的下方，是内部的资金来源，叫“股东权益”。

其中，外部的资金（来自供货商或是银行）比较便宜，内部的资金（来自股东出资的钱）比较贵。

还记得资产负债表是一张平衡的报表吗？

在资产负债表中，**左边 = 右边**。

所以，**资产 = 负债 + 股东权益**

复习完这些基本概念之后，我们来看看有关财务结构（那根棒子）的两个关键指标。

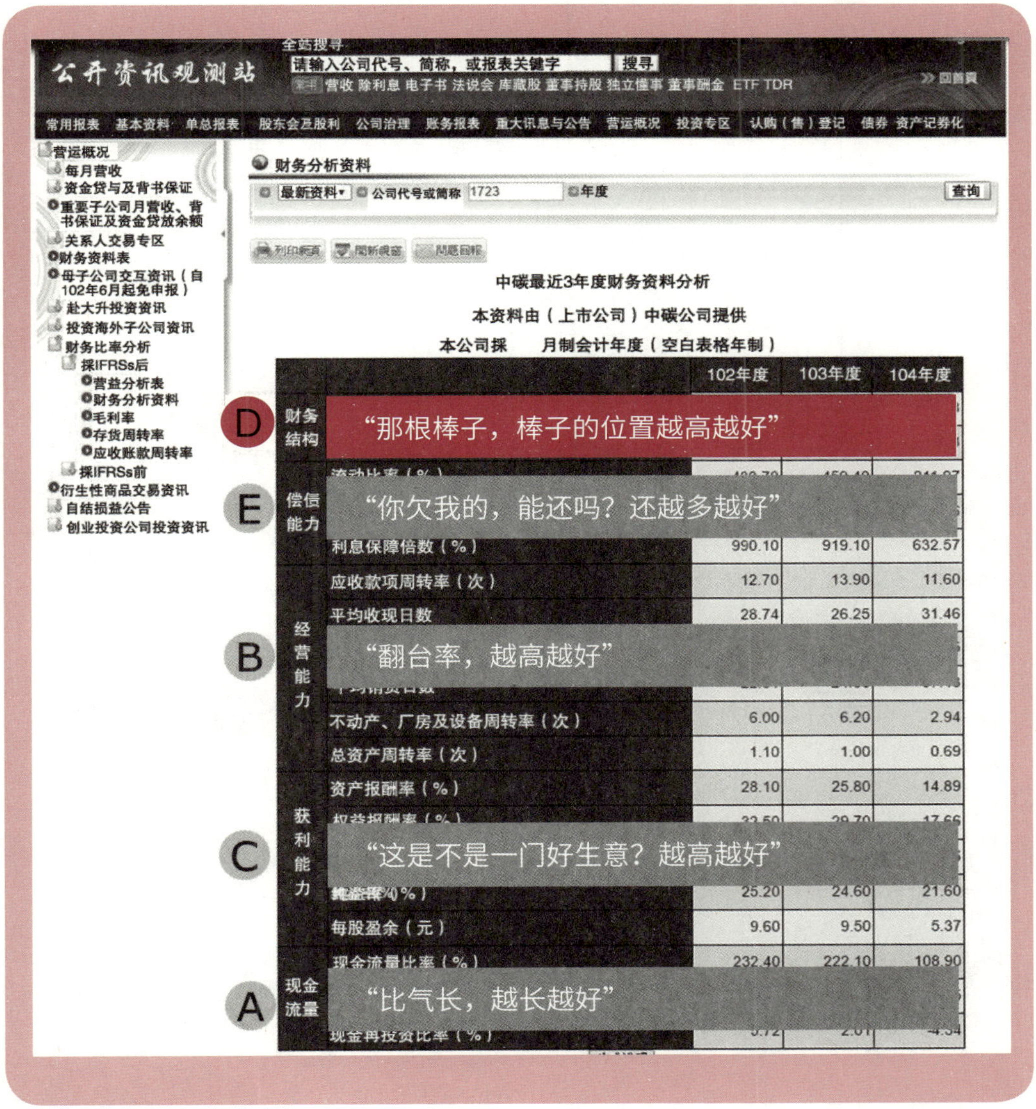

图 5-1　财务结构在五大财务比率分析的位置

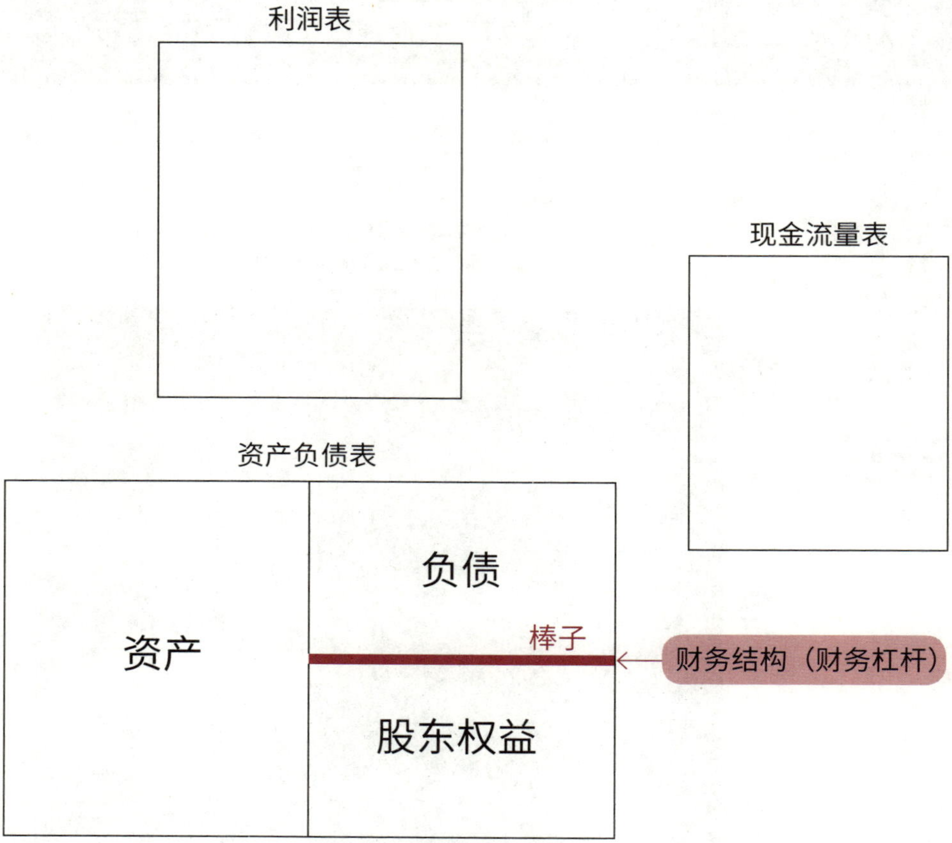

图 5-2　财务结构的基本定义

Ⓓ1 负债占资产比率

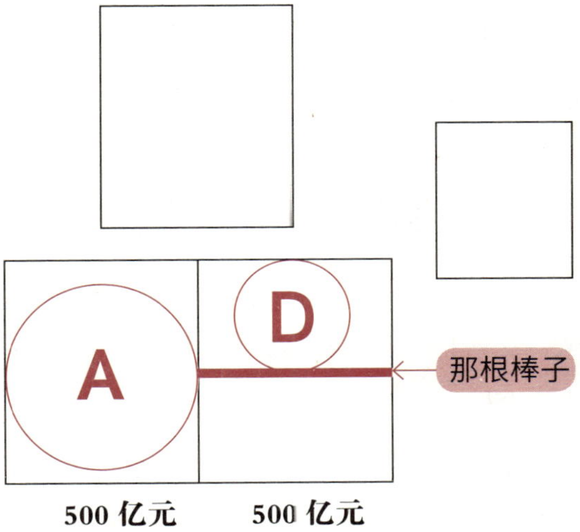

负债占资产比率（%）

$$=\frac{\text{负债}}{\text{资产}}\ \text{（占）}$$

$$=\frac{\text{Ⓓ}}{\text{Ⓐ}}$$

= 棒子的位置

$$=\frac{100\text{ 亿元}}{500\text{ 亿元}}\ \text{or}\ \frac{499\text{ 亿元}}{500\text{ 亿元}}$$

（小）位置偏高　　（大）位置偏低

图 5-3　负债占资产比率公式推导示意

由公式可知，“负债占资产比率”公式推导出来之后，这个指标其实就是指“那根棒子”的位置。

●负债占资产比率偏小

例如负债有 100 亿元，资产有 500 亿元，感觉好像还不错。这个时候，“那根棒子”的位置就会偏高。

●负债占资产比率偏大

例如一家公司的负债共欠了外部人士（主要是供货商与银行）499 亿元，而这家公司的总资产只有 500 亿元。这种公司好像很危险，因为欠外面太多钱了，扣掉负债之后，这家公司的净资产只剩下 1 亿元。哇，超级危险！

这个时候，“那根棒子”的位置就会非常低。

接下来的问题就是这个指标到底是大比较好，还是小比较好？“这根棒子”到底要在什么位置比较理想呢？（如图 5-4 所示）

很多财经学者经过研究，提出所谓的“最适资本理论”，这个理论讲的就是到底这根棒子在实际上，应该要偏高还是偏低，或是在什么位置上才比较好。

最后，较少有争议的结论就是：一边一半！也就是那根棒子最好介于中间。

为什么呢？因为如果棒子不断地往下移，代表公司对外欠的负债增多，股东只出资了一点点。这个时候债权人（主要是银行）就会暗自嘀咕：咦，为什么只跟我借钱？股东（自己人）为什么不愿意出资投资呢？是不是这家公司内部有我不知道的事情？感觉怪怪的！

所以，当该公司又要再找银行借钱时，银行可能就不会再借了。为了让公司继续经营下去，老板必须转身向股东（自己人）筹钱，此时那根棒子就会慢慢往上移（因为股东出资的钱变多），所以财务结构（那根棒子）是一个动态的观念。

那么，什么时候“那根棒子”会不断往上移呢？通常是在一家公司非常赚钱，而且前景好的时候。赚钱的公司每次现金增资（股东权益也会因此增加）时，在多数情况下，所有股东都会超额认购。理由很简单：有利可图，肥水不流外人田！既然公司这么赚钱，当它需要资金不断扩大市场版图时，当然不必跟外面的人借钱！我们股东自己增资就好了。

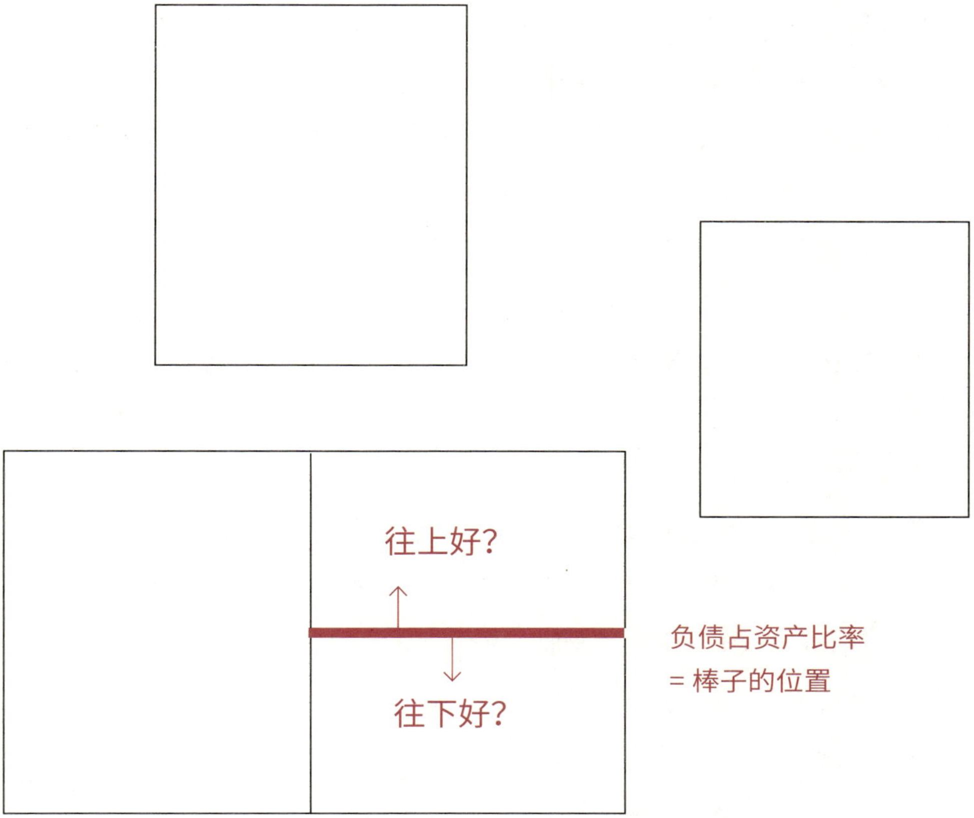

图 5-4 棒子的位置太高或太低都不理想

因此，一家公司的负债占资产比率（那根棒子的位置）的大小，会暗示一家公司股东的整体偏好。不过，如果公司的资金大部分是由股东出资，又会衍生出另一个问题：股东出钱投资公司，通常会要求公司在获利之后，每年固定发放红利给股东。如果发放的红利只有 3% ~ 5%，股东通常看不上，会要求公司多给一点。

红利究竟该发多少，实际上并没有答案，这属于公司的股利政策的议题。但读者可以发现一个有趣的现象：在股市中，投资人通常会要求公司派发配股配息

（给股东红利）至少2元以上。假设该公司近十年现金增资价格平均为40元，这就像是公司当初向股东拿了40元的资金来扩大营运，每年需发给股东2元的红利；对公司而言，资金成本约为5%（2÷40）。当然，一家公司的现金增资价格越高，资金成本越低；反之，对公司而言，资金成本就越高。

所以，用大白话来说明整件事，就是：

1. 拿银行的钱（使用的是棒子上方的资金来源），资金成本比较低，为1.5%～3%。

2. 拿股东的钱（使用的是棒子下方的资金来源），资金成本会比较高，通常会在5%～20%（依各公司的现金增资价格与后续股利政策不同，而有所差异）。虽然这样的资金成本比向银行借钱高很多，但仍有很多公司宁可要多一点股东资金，主要原因是股东不会像银行一样突然收紧政策。对公司来说，通常不需要退还股东的投资，公司没有还款压力，因此用股东的资金，对长远规划公司的发展策略与方向有利。

所以，对一家公司而言，既要取得最低的资金成本，同时又得兼顾突然发生的银行收紧资金的现金风险，“最适资本理论”在学界讨论多时之后，才会得出一个比较没有争议的结论：一边一半！

另外，在美国道琼斯指数30只成分股（30家最绩优的公司）中，也可以看出这个有趣的现象：经营稳健的公司，其负债占资产比率（那根棒子）通常都不高于60%，非常接近学理中“最适资本理论”的50%观念（一边一半的观念）。

另外，观察全球数千家已经破产退市公司的负债占资产比率，也能发现一个有趣的共通性：那根棒子的位置在破产前的最后一年，通常都不低于80%，或是接近这一数字。

我们将这两个有趣的现象整理成图5-5方便大家复习。

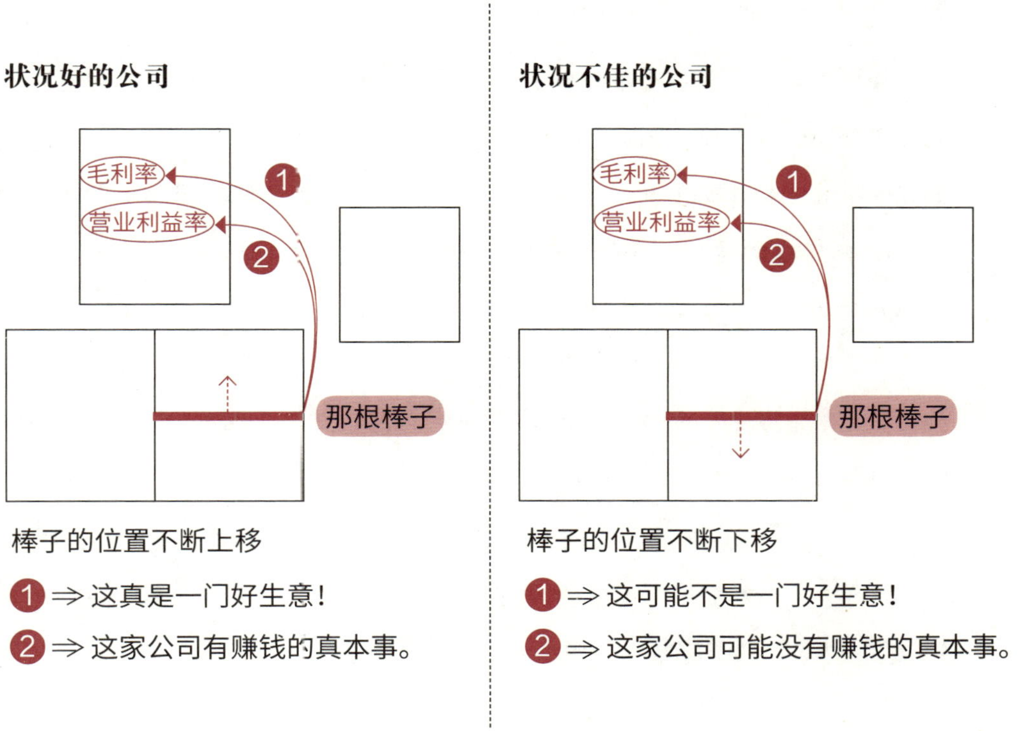

图 5-5　好公司与坏公司的财务结构位置

金融保险业具有特殊的财务结构

特别跟大家说明，金融保险业不适用以上的财务结构观念，因为它们是遵循BIS管制的。BIS管制源于1988年7月，国际清算银行（Bank for International Settlements）委员会制定并通过了《关于统一国际资本衡量和资本标准的协议》（*Proposal for International Convergence of Capital Measurement and Capital Standards*），简称《巴塞尔协议》，形成了资本充足性管制的国际统一标准，简称“BIS管制”。这主要是指针对金融机构的资产中自有资产的比率必须维持在一定的标准以上的规定。

用大白话来说明，就是：

1. 如果一家金融机构，股东自己出的钱占了8%（另外92%是别人的钱），就可以做国际金融业务。
2. 如果一家金融机构，股东出的钱只有4%以上8%以下（另外的钱来自别人），则可以做国内金融业务。
3. 如果一家金融机构，股东出的钱不到4%，那对不起，它不准经营金融业。

换句话说，金融机构是一个高度杠杆的行业。如果用我教您的负债占资产比率的观念来看金融机构，其就是破产等级的公司。因此，金融保险属于特许行业，要遵循的法规与一般上市上柜企业不同。所以这个“负债占资产比率”的观念，不适用于金融保险业。

分析好、坏公司的负债占资产比率

带着这个观念，接下来我们看看那6家公司的表现（详见表5-1）。它们的“负债占资产比率”都相当优异，只有统一超的数据稍微偏高，为65.22%。

表5-1 6家好公司的负债占资产比率

2015年年报资料	大立光 3008	台积电 2330	中碳 1723	统一超 2912	巨大 9921	鸿海 2317
D1 负债占资产比率（那根棒子的位置）	24.53%	26.24%	19.3%	65.22%	55.59%	54.06%

但这就代表它们是好公司吗？其实未必！财务报表分析是一种动态分析的概念，不能只看单一指标。阅读财务报表时，必须综合判断、交叉验证。

下回当您看到一家公司的负债占资产比率非常亮眼时，请参考图5-6，同步观察这家公司的其他数据：

1 营业毛利率：这是不是一门好生意？

2 营业利益率：有没有赚钱的真本事？

五大财务比率分析的资料来源：http://ppt.cc/MvMW
现金流量表的资料来源：http://ppt.cc/yoeAg

2330 台积电

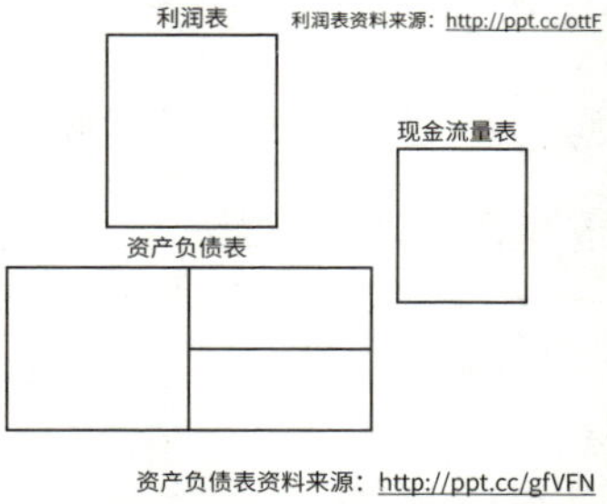

年份→	2013	2014	2015
现金与约当现金（占总资产%）	19.21	24.0	34.0
应收账款（占总资产%）	5.69	7.69	5.16
存货（占总资产%）	2.97	4.44	4.05
流动资产（占总资产%）	28.38	41.9	45.1
总资产（占总资产%）	100	100	100
应付账款（占总资产%）	1.29	1.56	1.19
流动负债（占总资产%）	15.03	13.5	12.8
长期负债（占总资产%）	17.85	16.6	13.4
股东权益（占总资产%）	67.12	69.9	73.8
总负债+股东权益(占总资产%)	100	100	100

类别	财务比率 \ 年份	2013	2014	2015
财务结构	负债占资产比率（%）	32.88	30.06	26.24
	长期资金占不动产/厂房及设备比率（%）	135.4	158.17	169.34
偿债能力	流动比率（%）	188.9	311.17	351.86
	速动比率（%）	168.57	278.03	319.58
经营能力	应收款项周转率（次）	9.11	8.12	8.37
	平均收现日数	40.06	44.95	43.6
	存货周转率（次）	8.39	7.42	6.49
	存货周转天数（平均在库天数）	43.5	49.19	56.24
	不动产/厂房及设备周转率（次）	0.85	0.95	1.01
	总资产周转率（次）	0.54	0.55	0.54
获利能力	资产报酬率（%）ROA	17.11	19.33	19.62
	权益报酬率（%）ROE	24	27.88	27.04
	税前纯益占实收资本比率（%）	83.11	116.51	135.14
	营业毛利率（%）①	47.06	49.52	48.65
	营业利益率（%）②	35.08	38.79	37.94
	经营安全边际率 %= 2 / 1 越大越好	74.54	78.33	77.99
	纯益率（%）= 净利率	31.49	34.58	36.34
	每股盈余（元）	7.26	10.18	11.82
	税后净利 单位：百万元	188,019	263,764	306,556
现金流量	现金流量比率（%）	183.05	209.7	249.67
	现金流量允当比率（%）	88.35	92.15	103.82
	现金再投资比率（%）	12.16	13.04	13.76
	营业活动现金流量（from 利润表） 单位：百万元	347,384	421,524	529,879
	投资活动现金流量（from B/S 左边） 单位：百万元	(281,054)	(282,421)	(217,246)
	理财活动现金流量（from B/S 右边） 单位：百万元	32,106	(32,328)	(116,734)

代表好公司

1 2

图 5-6　综合验证好公司的关键指标

至于财务结构状况不佳的公司，首先要确认其负债占资产比率是否大于70%。这时需要特别小心，因为这个比率一旦超过80%，通常代表这家公司即将要发生大事！

再来，请参考图5-7，我们还要同步验证以下三个指标：

1 营业毛利率：这还是一门好生意吗？

2 营业利益率：公司还有赚钱的真本事吗？

3 现金与约当现金：公司的财务结构这么差，通常在外面已经借不到钱了。它的现金多不多？它还能撑多久？

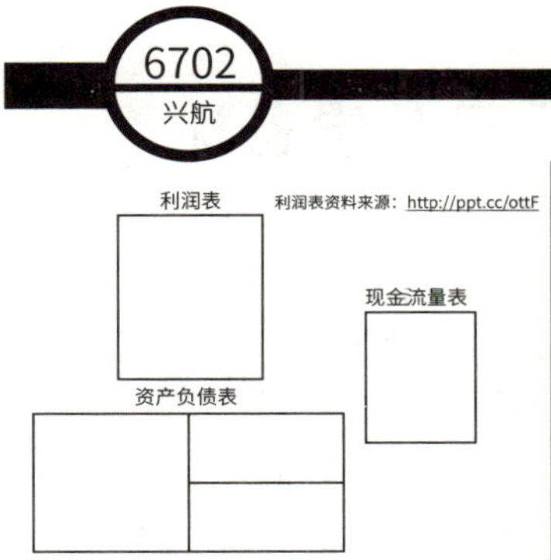

五大财务比率分析的资料来源：http://ppt.cc/MvMW

现金流量表的资料来源：http://ppt.cc/yoeAg

资产负债表资料来源：http://,ppt.cc/gfVFN

年份→	2013	2014	2015
现金与约当现金（占总资产%）	17.67	17.04	10.83
应收账款（占总资产%）	1.68	1.65	1.67
存货（占总资产%）	3.32	2.69	2.88
流动资产（占总资产%）	3.51	24.03	19.58
总资产（占总资产%）	100	100	100
应付账款（占总资产%）	1.26	0.91	1.03
流动负债（占总资产%）	20.00	17.10	30.63
长期负债（占总资产%）	44.53	50.78	41.76
股东权益（占总资产%）	35.47	32.12	27.61
总负债+股东权益(占总资产%)	100	100	100

类别	财务比率 年份	2013	2014	2015
财务结构	负债占资产比率（%）	64.53	37.88	72.39
	长期资金占不动产/厂房及设备比率（%）	152.59	137.53	110.73
偿债能力	流动比率（%）	167.51	140.53	63.91
	速动比率（%）	97.35	114.39	47.77
经营能力	应收款项周转率（次）	33.97	31.37	23.32
	平均收现日数	10.74	11.63	15.65
	存货周转率（次）	NA	NA	NA
	存货周转天数（平均在库天数）	NA	NA	NA
	不动产/厂房及设备周转率（次）	1.18	1.03	0.68
	总资产周转率（次）	0.59	0.57	0.42
获利能力	资产报酬率（%）ROA	1.32	1.96	(3.82)
	权益报酬率（%）ROE	1.82	3.91	(15.32)
	税前纯益占实收资本比率（%）	2.7	7.63	(19.83)
	营业毛利率（%）①	6.1	12.73	(11.57)
	营业利益率（%）②	(3.24)	3.03	(23.56)
	经营安全边际率%=②/①越大越好	负数无意义	23.8	负数无意义
	纯益率（%）=净利率	1.09	2.31	(10.92)
	每股盈余（元）	0.24	0.55	(1.83)
	税后净利 单位：百万元	133	305	(1,156)
现金流量	现金流量比率（%）	61.26	46.58	(12.73)
	现金流量允当比率（%）	190.98	75.86	43.21
	现金再投资比率（%）	11.27	7.29	(7.73)

	2013	2014	2015
营业活动现金流量（from 利润表） 单位：百万元	2,547	2,043	(969)
投资活动现金流量（from B/S 左边） 单位：百万元	(4,191)	(5,047)	(1,560)
理财活动现金流量（from B/S 右边） 单位：百万元	4,406	3,569	763

财务杠杆过高

1 2 3

图 5-7 综合验证坏公司的关键指标

兴航（复兴航空）这家 2016 年宣布停业的公司，再度验证了前面提到的重要观念：负债占资产比率一旦超过 80%，这些公司将面临严峻的生死存亡之战。

尤其是 2008 年底发生全球金融海啸之后，大家都致力于“现金为王”与“去杠杆化”（Deleverage）两个动作。所谓“去杠杆化”，指的就是负债占资产比率要逐步缩小（那根棒子的位置往上移），才能较好地抵御经济大幅波动的风险。

D2 长期资金占不动产、厂房及设备比率

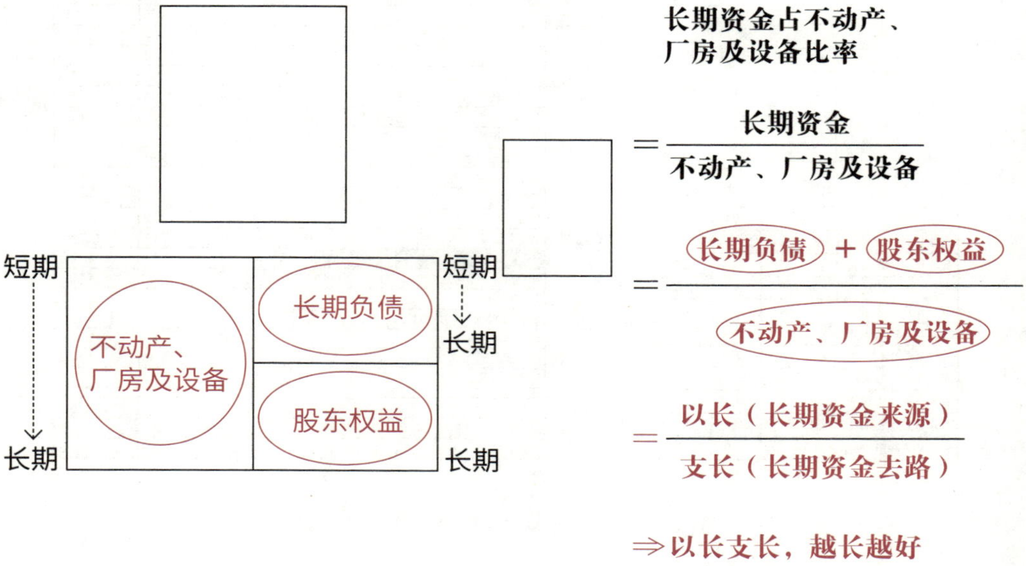

图 5-8　长期资金占不动产、厂房及设备比率公式示意

这个公式的名称和说明很复杂，不过它的“中翻中”很好记：**以长支长，越长越好。**

为什么会突然出现这么一个奇怪的公式呢？因为金融业的行业特性是：**晴天借伞、雨天收伞。**

一家公司刚创立时，没有什么经验，手上资金也不足。奋斗几年之后，好不容易存活下来，为了持续茁壮成长，开始向外部借钱进行扩大投资。但因为这些中小企业平时太忙，忘了要养成与银行往来、保持良好关系的习惯，加上这些中小企业的老板平常并不会在财报的完整性上花费精力，所以银行通常不太可能借钱给这些真正需要资金发展的企业家。

企业家心中可能这样吐槽：我能不能活下来都是一个问题，哪来的时间整理财务报表！而且，就是因为我现在手上没钱，才会去外面借钱！可是，对银行来说，如果平常没有互相往来，加上没有完整的财务报表可以分析，这时候就无法了解这些中小企业的真实状况。

这些急需资金的企业，为了活下去或因应快速成长所需，只能到处向朋友周转，或找地下钱庄借钱。于是很有可能会出现一个企业经营中的致命危机——以短支长。

也就是说，这些老板拿了短期的资金，去支应投资公司长期发展所需的机械设备和厂房。

这是一个致命危机，一般人都会觉得难以置信。但是，如果您与笔者一样，有多次创业经验，或是亲身经历过资金周转不灵的情况，您就会发现，这种致命危机几乎天天发生在不同的人身上。

真实案例 基隆“虾冰蟹酱”爆倒千万元

基隆市知名海鲜冰店“虾冰蟹酱”，2003 年推出海鲜融合冰品，包括墨鱼冰、虾子冰、干贝冰等特色美食，在基隆打出了知名度，也接受了大量的电视、报纸采访，生意蒸蒸日上。女老板薛丽妮于 2013 年还在中正路上开餐厅，但才一年时间就爆发财务危机，传出欠债上千万元，6 月 30 日关门大吉之后，薛丽妮便失联了。

朋友透露，薛丽妮之前跟地下钱庄借钱，还到处找朋友入股，却无法解决庞大的财务问题，甚至曾被人目击她遭地下钱庄人员强押到银行取钱还债。

创业太不易，生意兴隆却仍发生这种事，令人不胜唏嘘。这就是笔者所说的致命危机：以短支长，这是一个严重错误！

或许您会说，只有企业家或老板才会碰上这种事，一般上班族根本就不会犯这种错！

遗憾的是，一般上班族更容易发生这种短债长投的致命错误。

还记得2004—2005年的双卡风暴吗？双卡指的是信用卡与现金卡（借记卡），当时很多人利用这两种工具来支付生活所需，这就是犯了以短支长的致命错误，造成上千人被迫自杀。

这些人其实根本没有犯下什么滔天大罪，只是因为缺钱，使用了短期的资金工具（信用卡、现金卡，甚至地下钱庄）来周转家庭的长期生活所需，导致人生就这样突然画上句号。

即使到了2016年5月，不少媒体还在持续报道这件事情：双卡风暴十年遗毒，中年卡奴至今难脱债务。这种命运实在令人不胜唏嘘。

因此，在投资领域，您绝对不能投资这种以短支长、出现致命危机的公司！大家绝对不能忽视这个指标。接下来，我们同样以那6家表现稳健的公司为例（详见表5-2），来看看其表现。

表5-2　6家公司的以长支长状况

2015年年报资料	大立光 3008	台积电 2330	中碳 1723	统一超 2912	巨大 9921	鸿海 2317
D1 负债占资产比率（那根棒子的位置）	24.53%	26.24%	19.3%	65.22%	55.59%	54.06%
D2 长期设备占不动产、厂房及设备比率（以长支长，越长越好）	315.48%	169.34%	267.2%	177.7%	275.19%	371.85%

数据来源：公开资讯观测站。

借此我们可以看出，任何一家稳健经营的上市上柜公司，都不会发生“以短支长”的致命危机。一旦看到D2这个指标的比率偏低，不到100%，您就要特别小心了。

最后，让我们通过公开资讯观测站的财报（如图5-9所示），再次复习一下“财务结构”中的重要观念与阅读技巧。

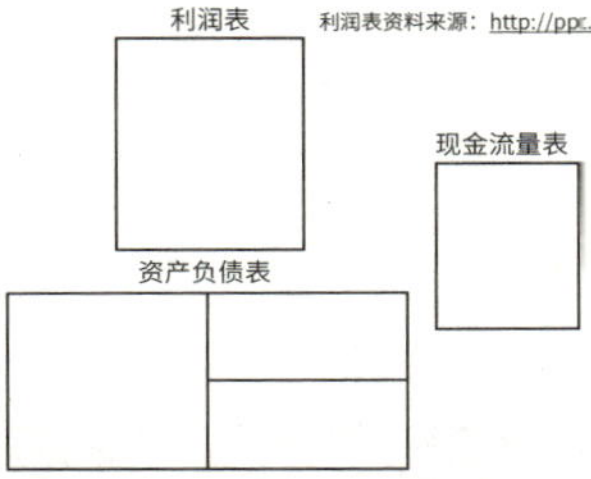

利润表资料来源：http://ppc.cc/ottF

资产负债表资料来源：http://ppt.cc/gfVFN

年份→	2013	2014	2015
现金与约当现金（占总资产%）	34.97	39.5	46.7
应收账款（占总资产%）	17.07	21.3	13.3
存货（占总资产%）	6.97	5.8	4.4
流动资产（占总资产%）	69.43	73.4	73.2
总资产（占总资产%）	100	100	100
应付账款（占总资产%）	6.49	8.2	3.4
流动负债（占总资产%）	20.97	24.2	24.4
长期负债（占总资产%）	0.19	0.12	0.1
股东权益（占总资产%）	78.84	75.7	75.5
总负债+股东权益(占总资产%）	100	100	100

类别	财务比率 年份	2013	2014	2015
财务结构	负债占资产比率（%）那根棒子D1	21.15	24.33	24.53
	长期资金占不动产/厂房及设备比率（%）以长支长，越长越好 D2	10.65	337.2	315.48
偿债能力	流动比率（%）	331.1	303.11	299.6
	速动比率（%）	296.42	278.49	280.68
经营能力	应收款项周转率（次）	4.1	4.54	4.49
	平均收现日数	89.02	80.39	81.29
	存货周转率（次）	5.54	6.83	6.55
	存货周转天数（平均在库天数）	65.88	53.44	55.72
	不动产/厂房及设备周转率（次）	2.8	3.9	3.3
	总资产周转率（次）	0.71	0.92	0.77
获利能力	资产报酬率（%）ROA	27.53	39.01	33.31
	权益报酬率（%）ROE	35.95	50.72	44.09
	税前纯益占实收资本比率（%）	857.37	1711.9	2,173.8
	营业毛利率（%）①	47.25	53.52	57.38
	营业利益率（%）②	39.3	45.99	49.5
	经营安全边际率%=②/①越大越好	83.17	85.93	86.27
	纯益率（%）=净利率	35.03	42.43	43.24
	每股盈余（元）	71.64	144.91	180.08
	税后净利 单位：百万元	9,610	19,438	24,157
现金流量	现金流量比率（%）	139.56	133.18	142.45
	现金流量允当比率（%）	144.25	171.43	202.16
	现金再投资比率（%）	24.33	29.27	30.78

	2013	2014	2015
营业活动现金流量（from 利润表） 单位：百万元	11,300	19,688	29,241
投资活动现金流量（from B/S 左边）单位：百万元	(5,160)	(5,472)	(7,199)
理财活动现金流量（from B/S 右边）单位：百万元	(2,302)	(3,719)	(6,870)

1 2 3

同步交叉验证 1 2 3

如果财务结构相对比率不佳，

图5-9 财务结构的阅读技巧

实战分析练习

通过以上的简单分析，相信您对“财务结构”、公司负债状况的观念与逻辑已有了整体的阅读观。接下来，请您对以下公司进行分析练习。熟能生巧，相信下一次您再看到这些数据，就已具备轻松解析关键指标的能力，再也不会恐慌啰！

表 5-3 财务结构分析练习

公司名称 股票代号		指标Ⓓ 财务结构 = “那根棒子，位置越高越好”		您觉得自己投资以后，这家公司的财务结构（那根棒子）是否稳健？会不会发生以短支长的致命危机？
		重要性 50 分	重要性 50 分	
		D1 负债占资产比率（位置越高越好）	D2 长期资金占不动产、厂房及设备比率（以长支长，越长越好）	
01	大立光 3008			
02	台积电 2330			
03	中碳 1723			
04	广隆光电 1537			
05	皇田工业 9951			

（续表）

公司名称 股票代号		指标Ⓓ 财务结构＝"那根棒子，位置越高越好" 重要性 50 分 Ⓓ1 负债占资产比率（位置越高越好）	重要性 50 分 Ⓓ2 长期资金占不动产、厂房及设备比率（以长支长，越长越好）	您觉得自己投资以后，这家公司的财务结构（那根棒子）是否稳健？会不会发生以短支长的致命危机？
06	友通资讯 2397			
07	佳格 1227			
08	联钧 3450			
09	为升 2231			
10	日友 8341			
11	中典保全 9917			
12	神基科技 3005			
13	宝成工业 9904			
14	台数科 6464			
15	巨大 9921			

（续表）

公司名称 股票代号		指标Ⓓ 财务结构 = “那根棒子，位置越高越好”		您觉得自己投资以后，这家公司的财务结构（那根棒子）是否稳健？会不会发生以短支长的致命危机？
		重要性 50 分	重要性 50 分	
		Ⓓ1 负债占资产比率（位置越高越好）	Ⓓ2 长期资金占不动产、厂房及设备比率（以长支长，越长越好）	
16	恒大 1325			
17	邦特生技 4107			
18	可宁街 8422			
19	帆宣科技 6196			
20	台达电 2308			
21	帝宝 6605			
22	新光保全 9925			
23	中华电信 2412			
24	旭隼 6409			
25	万洲化学 1715			

（续表）

公司名称 股票代号		指标Ⓓ 财务结构 = "那根棒子，位置越高越好"		您觉得自己投资以后，这家公司的财务结构（那根棒子）是否稳健？会不会发生以短支长的致命危机？
		重要性 50 分	重要性 50 分	
		D1 负债占资产比率（位置越高越好）	D2 长期资金占不动产、厂房及设备比率（以长支长，越长越好）	
26	剑麟 2228			
27	数字科技 5287			
28	卜蜂 1215			
29	振桦电 8114			
30	统一超 2912			
31	鸿海 2317			
32	中钢 2002			

※ 投资有风险，股票投资有赚有赔，买股前请详阅公开说明书（财务报表）。

Chapter 6

从偿债能力破解公司的还钱本事

恭喜您，这趟学习财务报表重点分析、挑对好股的旅程已接近尾声。接下来，我们介绍本书五大关键指标的最后一个：**偿债能力**。偿债能力的中翻中是：

你欠我的，能还吗？还越多越好！

偿债能力在公开资讯观测站的五大财务比率分析的位置，如图 6-1 中的红框所示。我们将陆续解析其中两个观察指标：Ⓔ1 流动比率，以及 Ⓔ2 速动比率。

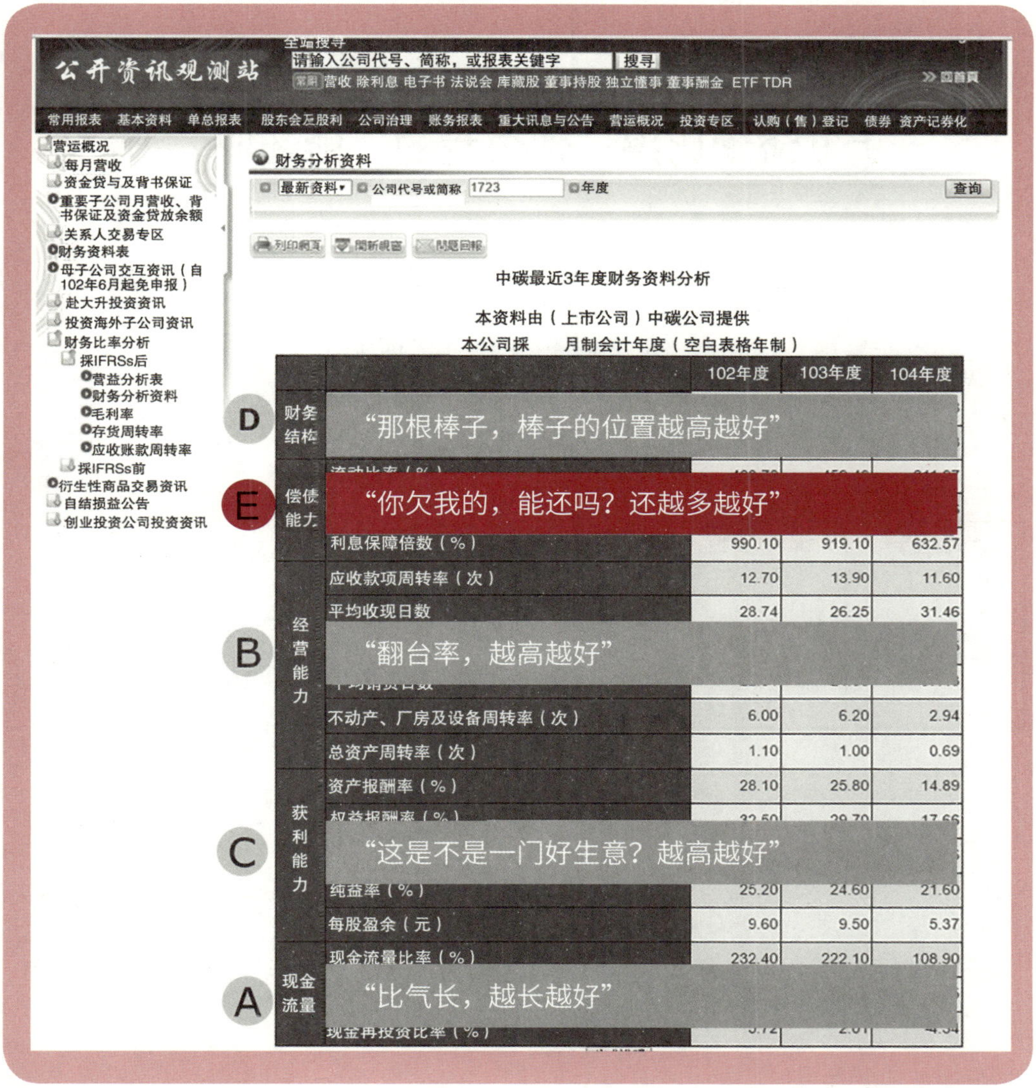

图 6-1　偿债能力在五大财务比率分析的位置

E1 流动比率：你欠我的，能还吗？

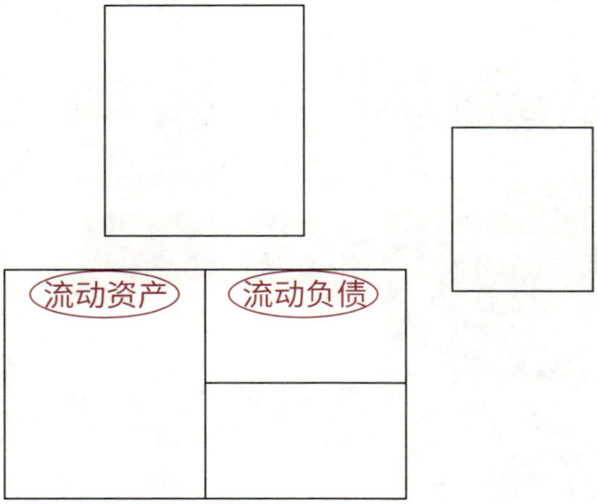

流动比率

$$= \frac{\text{能还吗}}{\text{你欠我的}}$$

$$= \frac{\text{流动资产}}{\text{流动负债}}$$

$$= \text{大 or 小}$$

$$\frac{100\text{亿元}}{10\text{亿元}} \text{ or } \frac{10\text{亿元}}{100\text{亿元}}$$

⇒ 你欠我的能还吗？还越多越好！

⇒ 数值越大越好

图 6-2　流动比率公式示意

我们用“中翻中”来分析上面的公式，就会发现：

（a）分母是流动负债，“你欠我的”。

（b）分子是流动资产，“能还吗”。这里指的是，我们要拿什么来还呢？当然是公司的流动资产。

而一家公司最重要的流动资产，主要有三个：

（1）现金与约当现金。

（2）应收账款。

（3）存货。

流动比率这个指标，应该是越大越好，还是越小越好？我们就以图中的数据来说明。

例如，一家公司欠了银行短期负债10亿元，该公司拥有100亿元的流动资产，所以若要偿还10亿元的短期负债，应该相当轻松，完全没有压力。

又如，公司对外的短期负债高达100亿元，但手上只有10亿元的流动资产。如果债权人这时要求公司偿还短期负债，则公司还欠缺90亿元流动资产，代表该公司的短期偿债能力可能面临严重压力。

所以，用常识来分析，“流动比率”的数值越大越好，代表这家公司对于“你欠我的，能还吗？”的答案是我能还，而且可以还很多。

通常一家公司的流动比率不低于200%就算是不错了。但笔者在投资时，是以保本稳健投资为原则，尽量避开会让自己血本无归的烂公司，而没有偿债能力的公司，就属于烂公司。所以对笔者来说，对于适合投资的公司，流动比率要求最好是不小于300%，而且近三年皆是如此。

●防止流动资产造假，综合检验指标

为什么要这么严格？因为前面提到，一家公司的主要流动资产是现金与约当现金、应收账款与存货这三种短期资产。万一该公司的短期资产多半是收不回来的应收账款，或是一直卖不出去的库存，那要怎么办？

收不回来的应收账款，只要在尚未变成坏账前，都会一直挂在公司的资产负债表上！同理，如果公司迟迟不愿意将已经无法销售出去的存货以呆料方式处理的话，则这部分存货的存货金额也会一直记入资产负债表！

为了防止少部分恶劣的上市公司过度美化该两项短期资产在财报中的数字，笔者个人在进行投资时，会要求公司的流动比率最好不小于300%。

如果该公司的流动比率大于或等于200%，但不符合笔者投资的基本要求时（不小于300%），我会交叉验证以下三个指标：

1 **现金与约当现金：**该公司手上的现金充足吗？如果该公司的流动比率无法超过300%，那么当然会希望它持有的现金越多越好，代表它具有偿还能力。

2 **平均收现日数：**是否需要很长时间才能收回款项？我会特别留意该公司在这个指标上的表现，会看这个指标是否胜过业界的平均值。

3 **存货周转天数：**如果流动比率不够高，为了确保该公司具有一定的偿债能力，就得关注它的产品好不好卖，跟业界相比属于畅销还是滞销。一家公司的存货在库天数越短越好，商品热销、收到大量货款，自然就有能力改善或优化偿债能力。

再次提醒读者：财务报表分析是一种动态观念。相对应的交叉验证顺序请参考图6-3。

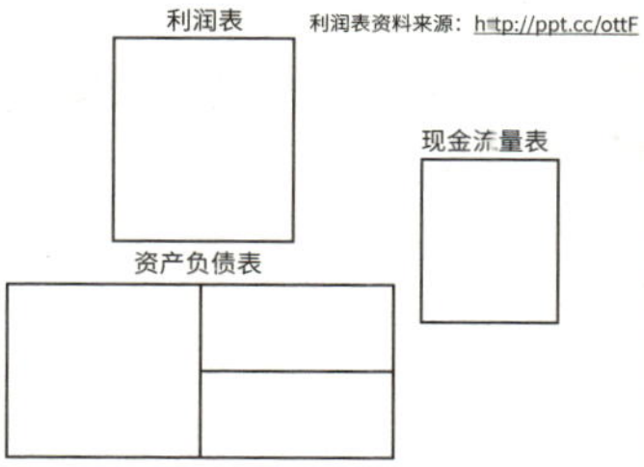

资产负债表资料来源：http://ppt.cc/gfVFN

年份→	2013	2014	2015
现金与约当现金（占总资产 %）	34.97	39.5	46.7
应收账款（占总资产 %）	17.07	21.3	13.3
存货（占总资产 %）	6.97	5.8	4.4
流动资产（占总资产 %）	69.43	73.4	73.2
总资产（占总资产 %）	100	100	100
应付账款（占总资产 %）	6.49	8.2	3.4
流动负债（占总资产 %）	20.97	24.2	24.4
长期负债（占总资产 %）	0.19	0.12	0.1
股东权益（占总资产 %）	78.84	75.7	75.5
总负债＋股东权益(占总资产 %)	100	100	100

类别	财务比率 年份	2013	2014	2015
财务结构	负债占资产比率（%）	21.15	24.33	24.53
	长期资金占不动产 / 厂房及设备比率（%）	310.65	337.2	315.48
偿债能力	流动比率（%）	331.1	303.11	299.6
	速动比率（%）	296.42	278.49	280.68
经营能力	应收款项周转率（次）	4.1	4.54	4.49
	平均收现日数 2	80.02	80.39	81.29
	存货周转率（次）	5.54	6.83	6.55
	存货周转天数（平均在库天数） 3	65.88	53.44	55.72
	不动产 / 厂房及设备周转率（次）	2.8	3.9	3.3
	总资产周转率（次）	0.71	0.92	0.77
获利能力	资产报酬率（%）RoA	27.53	39.01	33.31
	权益报酬率（%）RoE	35.95	50.72	44.09
	税前纯益占实收资本比率（%）	857.37	1711.9	2,173.8
	营业毛利率（%）①	47.25	53.52	57.38
	营业利益率（%）②	39.3	45.99	49.5
	经营安全边际率 %= ② / ① 越大越好	83.17	85.93	86.27
	纯益率（%）= 净利率	35.03	42.43	43.24
	每股盈余（元）	71.64	144.91	180.08
	税后净利 单位：百万元	9,610	19,438	24,157
现金流量	现金流量比率（%）	139.56	133.18	142.45
	现金流量允当比率（%）	144.25	171.43	202.16
	现金再投资比率（%）	24.33	29.27	30.78

营业活动现金流量（from 利润表） 单位：百万元	11,300	19,688	29,241
投资活动现金流量（from B/S 左边） 单位：百万元	(5,160)	(5,472)	(7,199)
理财活动现金流量（from B/S 右边） 单位：百万元	(2,302)	(3,719)	(6,870)

≥300% 最好
否则再检验 1 2 3

图 6-3　流动比率的交叉验证顺序

接下来，我们看看那6家公司的“流动比率”实际数据表现如何（详见表6-1）。

表 6-1　6 家公司的流动比率交叉验证

2015 年年报资料		大立光 3008	台积电 2330	中碳 1723	统一超 2912	巨大 9921	鸿海 2317
Ⓔ1 流动比率 ≥ 300% 最好		299.6%	351.86%	433.7%	98.67%	151.95%	169.32%
若未超过 300%	1 现金多不多	Ⓔ1 已达标 无须交叉验证			25.72%	17.1%	28.5%
	2 应收账款天数是否太长				7.5 天	68.6 天	55.98 天
	3 存货在库天数是否太长				29.27 天	108.3 天	37.01 天
流动比率最终判断		非常好	非常好	非常好	非常好	还不错	非常好

可以看到，大立光、台积电与中碳这三家公司的流动比率非常好，都几乎等于或大于 300%。但另外三家的流动比率未达标，就需要进一步验证1、2、3的指标。

这时就会发现，交叉验证后其表现相当不错，尤其是各公司手上的现金与约当现金与约当现金占总资产的比率都在 17% ~ 29%。还记得“比气长，越长越好”这句话吗？我们要求现金与约当现金占总资产的指标最好介于 10% ~ 25%。所以综合判断之后，即使这三家公司的流动比率未达 300%，其偿债能力仍然合格，而且相当不错！

E2 速动比率：你欠我的，能速速还吗？

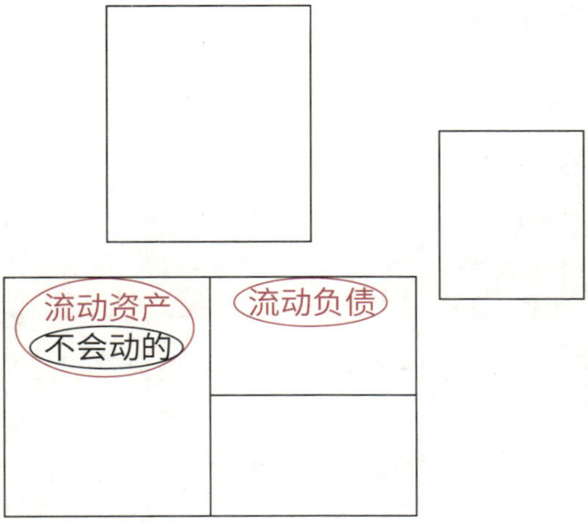

速动比率

$$= \frac{\text{能还吗 − 不会动的}}{\text{你欠我的}}$$

$$= \frac{\text{流动资产} - \text{存货} - \text{预付费用}}{\text{流动负债}}$$

$$= \frac{\text{速动资产}}{\text{流动负债}}$$

$$= \frac{\text{能速速还吗？}}{\text{你欠我的}}$$

⇒ 大 or 小

$$\frac{100\text{ 亿元}}{10\text{ 亿元}} \text{ or } \frac{10\text{ 亿元}}{100\text{ 亿元}}$$

⇒ 越大越好 = 具有速速还款的能力

图 6-4　速动比率公式示意

这个指标主要是弥补“流动比率”指标的不足之处，因为流动比率中的分子是“能还吗？”指的是该公司手上的流动资产是否足以偿还对外的短期负债。但是流动资产中，并不是每项资产都真正具备足够的价值。

尤其是存货，因为市场需求与消费者的喜好时常变动，一旦存货放得太久，虽然在账面上还有价值，市场上却未必有对应的价值。因为放得过久的存货，可能完全卖不出去。例如，在 2016 年底，一个卖手机的零售商，仓库里仍有一万个 2014 年进货的 iPhone 4 未售出，那么这些未售出的手机的市场价格，可能远低于当时公司的进货成本。

所以，“速动比率”的公式中，分母与“流动比率”是一模一样的。唯一的差别在于分子的变化：

“速动比率”公式的分子＝能还吗－不会动的（流动资产）

那么一家公司主要的流动资产中，有哪些不会动（不容易马上变成现金的流动资产）？

如前所述，第一个不会动的流动资产就是存货，所以先扣除。

除了存货不太会动（不容易变现）之外，还有另一个流动资产叫“预付费用”。您可以将它想成是您的流动资产，但已经先预付给第三方了。这些预付出去的费用是您的资产，但您能马上拿回来、变成现金的概率非常低，所以它也是属于一种“不会动的流动资产”。

例如，您打算成为某一家健身房的三年 VIP 会员，需要预缴会费五万元。在您个人的资产负债表中，这五万元会列为流动资产的“预付费用”。假设某一天，您刚好急缺现金，可能是要偿还之前和亲友周转的钱，但这五万元的预付费用，虽然名义上是您的流动资产，但您却无法即时拿回来，所以它属于“不会动的流动资产”。

这个指标应该是越大越好，还是越小越好？如同前面对“流动比率”的分析，当然是越大越好。

实际上，笔者自己进行投资时，会要求该公司**近三年的速动比率大于150%**。但如果您非常想投资那家公司，而它的速动比率又未达标，有其他替代指标可以观察吗？确实有，当出现这种让人非常想投资，但速动比率不如想象中好的公司时，我会再交叉验证下列三个指标：

1 **现金与约当现金：**首先需要交叉检验的指标，跟笔者在讨论“流动比率”时要求和观看的数据一样。公司手中的现金当然是越多越有能力速速偿还债权人的短期负债。

2 **应收账款收现天数：**跟前面相同，这也是需要检验的数据。万一哪天债权人不愿意借钱给公司，突然要求公司速速偿还之前欠的短期债务，此时公司如果属于“天天收现金”的生意模式，就比较有能力马上变出现金来偿还给该债权人。即使速动比率小于150%，如果应收账款收现天数能够小于15天，笔者会认定该公司仍具有速速还款的能力。

3 **总资产周转率：**还记得“翻台率，越高越好”这句话吗？假设这家公司前面几个指标全都不符合，那它的总资产周转率绝对不能小于1。因为小于1，代表这家公司是资产密集（烧钱）的行业。如果它手上的现金与约当现金占总资产的比率低于10%，又不是收现金的行业，此时速速还债能力“速动比率”又偏低，一旦市场有风吹草动或突然发生黑天鹅事件，该公司可能会立刻陷入危机。投资理财千万不要将自己的资金放在遇上经济波动就会陷入危机的公司，大家别与自己辛苦挣来的钱过不去！

财务报表分析是一种立体交叉的动态分析技巧，光是营收、获利或 EPS 等单一指标表现优越，是不足以判断公司真正的经营状况的。以“速动比率”指标分析为例，相对应的交叉验证顺序请参考图 6-5。

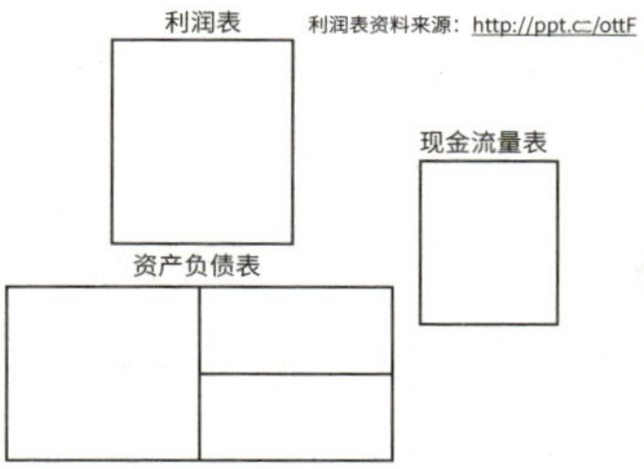

年份→	2013	2014	2015
现金与约当现金（占总资产 %）	34.97	39.5	46.7
应收账款（占总资产 %）	17.07	21.3	13.3
存货（占总资产 %）	6.97	5.8	4.4
流动资产（占总资产 %）	69.43	73.4	73.2
总资产（占总资产 %）	100	100	100
应付账款（占总资产 %）	6.49	8.2	8.4
流动负债（占总资产 %）	20.97	24.2	24.4
长期负债（占总资产 %）	0.19	0.12	0.1
股东权益（占总资产 %）	78.84	75.7	75.5
总负债 + 股东权益(占总资产 %)	100	100	100

类别	财务比率　　年份	2013	2014	2015
财务结构	负债占资产比率（%）	21.15	24.33	24.53
	长期资金占不动产 / 厂房及设备比率（%）	310.65	337.2	315.48
偿债能力	流动比率（%）	331.1	303.11	299.6
	速动比率（%）	296.42	278.49	280.68
经营能力	应收款项周转率（次）	4.1	4.54	4.49
	平均收现日数 2	89.02	80.39	81.29
	存货周转率（次）	5.54	6.83	6.55
	存货周转天数（平均在库天数）	65.88	53.44	55.72
	不动产 / 厂房及设备周转率（次）	2.8	3.9	3.3
	总资产周转率（次） 3	0.71	0.92	0.77
获利能力 1	资产报酬率（%）ROA	27.53	39.01	33.31
	权益报酬率（%）ROE	35.95	50.72	44.09
	税前纯益占实收资本比率（%）	857.37	1711.9	2,173.8
	营业毛利率（%）①	47.25	53.52	57.38
	营业利益率（%）②	39.3	45.99	49.5
	经营安全边际率 %= ② / ① 越大越好	83.17	85.93	86.27
	纯益率（%）= 净利率	35.03	42.43	43.24
	每股盈余（元）	71.64	144.91	180.08
	税后净利 单位：百万元	9,610	19,438	24,157
现金流量	现金流量比率（%）	139.56	133.18	142.45
	现金流量允当比率（%）	144.25	171.43	202.16
	现金再投资比率（%）	24.33	29.27	30.78

营业活动现金流量（from 利润表） 单位：百万元	11,300	19,688	29,241
投资活动现金流量（from B/S 左边）单位：百万元	(5,160)	(5,472)	(7,199)
理财活动现金流量（from B/S 右边）单位：百万元	(2,302)	(3,719)	(6,870)

≥ 150% 最好
否则再检验 1 2 3

图 6-5　速动比率的交叉验证顺序

了解速动比率与辅助的 3 个判断指标之后，我们同样来看看下列 6 家公司的表现（详见表 6-2），切实判断它们在“速速还债能力”方面的高低。

表 6-2　6 家公司的速动比率交叉验证

<table>
<tr><th colspan="2">2015 年年报资料</th><th>大立光
3008</th><th>台积电
2330</th><th>中碳
1723</th><th>统一超
2912</th><th>巨大
9921</th><th>鸿海
2317</th></tr>
<tr><td colspan="2">Ⓔ2 速动比率
≥ 150% 最好</td><td>280.68%</td><td>319.58%</td><td>359.8%</td><td>72.96%</td><td>88.77%</td><td>127.75%</td></tr>
<tr><td rowspan="3">若未超过
150%</td><td>1 现金多不多
至少 > 10%</td><td colspan="3" rowspan="3">Ⓔ2 已达标
无须交叉验证</td><td>25.72%</td><td>17.1%</td><td>28.5%</td></tr>
<tr><td>2 应收账款天数是否太长
最好 < 15 天</td><td>7.5 天</td><td>68.6 天</td><td>55.98 天</td></tr>
<tr><td>3 总资产周转率最好不要 < 1（烧钱）</td><td>2.35
趟 / 年</td><td>1.33
趟 / 年</td><td>1.88
趟 / 年</td></tr>
<tr><td colspan="2">流动比率最终判断</td><td>非常好</td><td>非常好</td><td>非常好</td><td>非常好</td><td>还不错</td><td>非常好</td></tr>
</table>

实战分析练习

通过以上的简单分析，相信您对“偿债能力”分析的方法与逻辑已经具有完整的阅读观。接下来，请您进行练习，熟能生巧，相信下一次您再看到这些数据，就已具备轻松解析关键指标的能力，再也不会恐慌！

表 6-3　偿债能力分析练习卡

公司名称 股票代号		指标Ⓔ 偿债能力 = “你欠我的能还吗？还越多越好”		您觉得自己投资后，万一发生突发状况或黑天鹅事件，这家公司有足够的偿债能力吗？能速速还款吗？
		重要性 50 分	重要性 50 分	
		Ⓔ1 流动比率（你欠我的能还吗？）	Ⓔ2 速动比率（你欠我的能速速还吗？）	
01	大立光 3008			
02	台积电 2330			
03	中碳 1723			
04	广隆光电 1537			
05	皇田工业 9951			
06	友通资讯 2397			
07	佳格 1227			
08	联钧 3450			
09	为升 2231			
10	日友 8341			

（续表）

公司名称 股票代号		指标Ⓔ 偿债能力 = “你欠我的能还吗？还越多越好”		您觉得自己投资后，万一发生突发状况或黑天鹅事件，这家公司有足够的偿债能力吗？能速速还款吗？
		重要性 50 分	重要性 50 分	
		E1 流动比率（你欠我的能还吗？）	E2 速动比率（你欠我的能速速还吗？）	
11	中典保全 9917			
12	神基科技 3005			
13	宝成工业 9904			
14	台数科 6464			
15	巨大 9921			
16	恒大 1325			
17	邦特生技 4107			
18	可宁街 8422			
19	帆宣科技 6196			
20	台达电 2308			

（续表）

公司名称 股票代号		指标Ⓔ 偿债能力 = “你欠我的能还吗？还越多越好”		您觉得自己投资后，万一发生突发状况或黑天鹅事件，这家公司有足够的偿债能力吗？能速速还款吗？
		重要性 50 分	重要性 50 分	
		Ⓔ1 流动比率（你欠我的能还吗？）	Ⓔ2 速动比率（你欠我的能速速还吗？）	
21	帝宝 6605			
22	新光保全 9925			
23	中华电信 2412			
24	旭隼 6409			
25	万洲化学 1715			
26	剑麟 2228			
27	数字科技 5287			
28	卜蜂 1215			
29	振桦电 8114			
30	统一超 2912			

（续表）

公司名称 股票代号		指标Ⓔ 偿债能力＝“你欠我的能还吗？还越多越好”		您觉得自己投资后，万一发生突发状况或黑天鹅事件，这家公司有足够的偿债能力吗？能速速还款吗？
		重要性 50 分	重要性 50 分	
		Ⓔ1 流动比率（你欠我的能还吗？）	Ⓔ2 速动比率（你欠我的能速速还吗？）	
31	鸿海 2317			
32	中钢 2002			

※ 投资有风险，股票投资有赚有赔，买股前请详阅公开说明书（财务报表）。

Chapter 7

一小时精挑赚钱绩优股

财务报表不是完美的工具，但只要稍微懂得如何阅读报表，就能避开80%以上的烂公司。另外20%的公司，如果是老板刻意造假，财务报表就帮不上忙了。

接下来，笔者汇集前6章介绍的内容（如图7-1所示），请大家依照Ⓐ、Ⓑ、Ⓒ、Ⓓ、Ⓔ这样的重点顺序阅读财务报表，就能建立用财报判断选股的立体阅读顺序，快速掌握一家公司的投资价值。

用财报判断选股的阅读顺序

Ⓐ 现金流量＝比气长，越长越好

先看这个指标的原因是要帮助大家避开任何在“裸泳”的烂公司，现金在手才能比气长。有三个关键指标要注意：

- (A1) **大于“100 ／ 100 ／ 10”：** 现金流量比率、现金流量允当比率、现金再投资比率，要遵循“大于100%、100%、10%”的原则。
- (A2) **现金与约当现金占总资产比率：** 确认这个数据是否在10%～25%。如果该公司属于资本密集（烧钱）的行业，这个数据最好要比25%更高。
- (A3) **平均收现日数：** 如果前两个指标都不够好，那就要看看它是不是天天收现金了。理想状况是平均收现天数小于15天。

“比气长，越长越好”，您阅读的顺序是(A1)、(A2)、(A3)，但三个指标的重要性分别为(A2)＞(A3)＞(A1)，其中最重要的是(A2)，重要性高达70%。

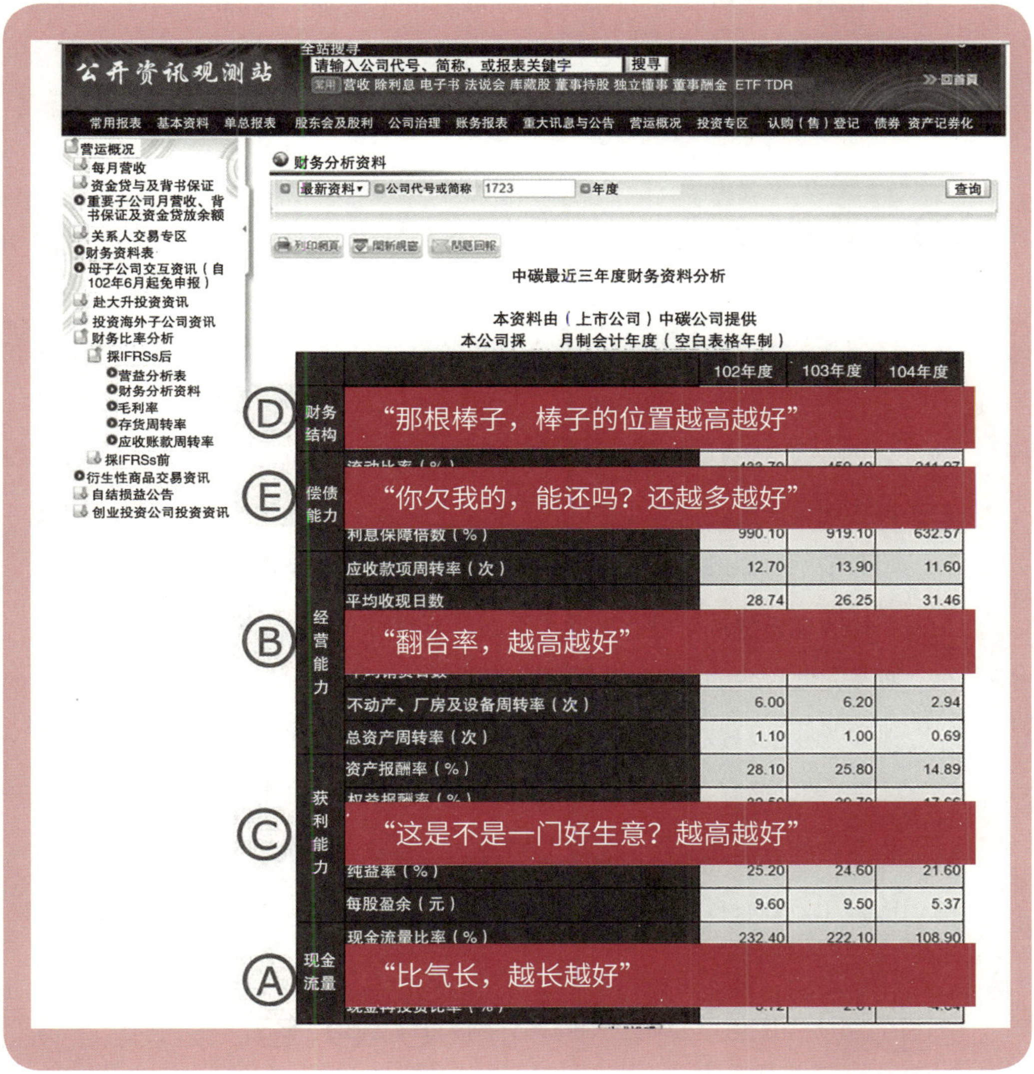

图 7-1　公开资讯观测站财报资料的“中翻中”

Ⓑ 经营能力＝“翻台率，越高越好”

确定要投资的公司不会因为缺乏现金而突然阵亡之后，我们接下来要了解它的经营能力，判断它在经济循环过程中是否有经营的能耐。其中，有三个关键指标要注意：

- B1 **总资产周转率：**先看这个数据是否大于 1，因为大于 1 是基本的要求。如果小于 1，代表该公司经营的是资本密集（烧钱）的行业，这个时候，您应该马上回头再检查A2现金存量是否在 10%～25%，此时现金存量大于 25%更佳。如果未达标，则A3平均收现日数建议要小于 15 天（小于 15 天，代表这家公司是收现金的行业）。
- B2 **存货周转天数：**这家公司的产品好不好卖？热不热销？可以将这个数据与其他同行业的相比，来判断怎样的销货日数才算是合理。
- B3 **平均收现日数：**有没有客户买了之后不想付钱，存货变成坏账的状况？如果是收现金的行业，这个指标就会小于 15 天。如果不是收现金的行业，则平均收现日数通常都在 60～90 天，如果应收账款的平均收现日数大于 90 天，最好再进行深入了解：是该公司的收款能力特别弱，还是该行业内的普遍性做法？永远要记得，一家只会销售却无法实时收回货款的公司，日后将会出现很多意想不到的坏账，所以这个指标非常重要。

三者的阅读顺序与重要性皆相同，分别为B1、B2、B3，因为它代表一家公司的整体经营能力。

Ⓒ 获利能力＝“这是不是一门好生意？越高越好”

确认完您投资的公司气很长，又有基本的经营能力之后，接着要分析的重要判断指标就是获利能力。如果您手上刚好有 2 个投资机会，一家是毛利率高又有前景的公司，另一家公司则是毛利率低且经济波动较大的公司，您会投资哪一家？当然是选前面那一家公司，对吧！所以，获利能力最重要的就是判断“这是不是一门好生意”，如果它又是一门长期稳定的生意，那就更棒了。

为了了解一家公司的获利能力，您需要关注下列六个指标，分别为：

C1 **毛利率：**公司的主要业务有没有获利能力、生意好不好赚，就看这个数据了。毛利率越高越好，代表这真是一门好生意，但您也要思考下一个问题：这家公司守得住高毛利率吗？因为只要毛利率够高，接下来将有一堆竞争者闻风而至，如果这家公司没有过人的研发与新产品开发能力，这种高毛利率可能只是昙花一现。另外也要观察这家公司是否连续几年都能维持高毛利，还是只有今年如此（比如，该公司刚好有一种商品爆红了）？

相反地，一家公司的毛利率偏低，代表该市场竞争激烈，为了获利通常只能靠规模经济（量大）来降低成本。为了发展到足够的规模，势必要主攻几个超级大客户，但即使一切顺利，成功抢到这些知名大客户，日后只要任意一家大客户离开，这家公司就可能立刻由获利转为巨额亏损。别忘了，实际上所谓的大客户，“忠诚度”都不会有多高，都是货比三家、到处转单，追求最低的制造成本。所以，低毛利率的公司要“持续”生存下来，实在非常不容易。如果您有更好的投资机会，应该跳过毛利率过低的投资目标。

C2 **营业利益率：**有没有赚钱的真本事？这里指的是公司好不容易赚进来的毛利，扣除基本的费用开销（包含营销费用、管理费用、研发费用、折旧与分期摊销等费用）后，公司还能赚钱吗？不同行业、不同规模的公司，在营业利益率方面会有明显差异，大原则是要跟同行业的作比较。

经验法则告诉我们营业费用率（营业费用率＝毛利率－营业利益率＝Ⓒ1－Ⓒ2）如果小于10%，通常代表这家公司具有相当不错的规模；如果在7%以下，代表这家公司不但很有规模，而且非常节省；如果费用率大于20%，一般来说则是品牌公司或是规模不大的新行业，例如生物技术行业或是网络行业等。

这个指标也特别重要，就像一个男人的月薪是20万元，但他每月的基本消费是50万元（费用率太高，超过月薪太多），除非他是富二代，要不然从长期来看，他的生活肯定会暗无天日，最后会四处借钱才能生活。这个时候，单身的您，千万不要嫁给他（投资他）哦。

Ⓒ3 **经营安全边际率（Ⓒ2 除以Ⓒ1）：** 这个数据如果大于60%，代表这家公司有较宽裕的获利空间，在面临经济波动，或是竞争者不理性杀价竞争时，比较有宽裕的空间可以应对。

Ⓒ4 **税后净利率（纯益率）：** 至少要大于2%才值得投资。因为在扣除相关税金之后，净利率还要扣除从银行体系取得资金的成本（至少2%），剩下的才算是公司真正拥有的基本赚钱能力。如果一家上市上柜公司的净利率，努力十多年后都还达不到1%，那实际上这家公司老板的钱应该直接拿去定存（至少有1%的利息收入），或是转投资其他有前景的行业，如此运用资金才是较佳的配置。

Ⓒ5 **每股获利（EPS）：** 将获利的总金额换算成以每股为基准。这个数据除了要越高越好，还要注意它每年的变化，来判断这家公司是稳定获利，还是利润已经呈现下滑的迹象。最简单的方式就是观察发生大事的那几年（例如2008年、2009年、2012年），该公司是否仍能保持稳定的EPS。

Ⓒ6 **股东权益报酬率（ROE）：** 这是股神巴菲特最看重的三个指标之一，理想中要大于20%。

Ⓓ 财务结构 = “那根棒子，棒子的位置越高越好”

一家公司的财务状况好不好、公司的股东出资了多少投资公司、公司对外的负债会不会太多、有没有发生致命的以短支长（拿短期资金支应长期投资所需）等都要参考财务结构，其中有 2 个重要的观察指标分别如下：

Ⓓ① **负债占资产比率：**那根棒子的位置。位置偏高，代表股东出资比较多，因为既然好赚，当然是肥水不流外人田，所以棒子的位置偏高比较好，也代表这是一家好公司。一旦您判断这是一家股东都很支持的公司，您可以同步观察另两个指标：Ⓒ① 毛利率（这是不是一门好生意）、Ⓒ② 营业利益率（有没有赚钱的真本事），通过这三个小指标一起看，就能借此构建立体的分析观念，也能交叉验证这是不是一家真正值得投资的好公司。

如果棒子偏低，代表这家公司的负债总额过高，暗示着股东不太支持公司，此时这种公司的Ⓒ①毛利率、Ⓒ② 营业利益率会偏低甚至变成负数。万一遇到这种情况，请立刻去验证最重要的第三个指标：Ⓐ②现金与约当现金占总资产的比率。因为如果公司持续亏钱，负债占资产比率太高，此时假设公司手中的现金又不多，一旦发生银行缩紧政策的情况，您投资的这家公司可能立刻陷入财务危机。

Ⓓ② **长期资金占不动产、厂房及设备比率：**这个指标代表的是“以长支长”的概念，当然是越长越好。企业的致命错误之一，就是“以短支长”，拿短期资金（如向地下钱庄借钱）支付长期发展所需或无法快速回收的机械设备厂房等支出，通常最后会以破产收场。

Ⓔ 偿债能力＝“你欠我的，能还吗？还越多越好”

最后一个要观察的指标就是一家公司对外的偿债能力，偿债能力越好，债权人就不会天天到处询问公司有没有问题；偿债能力越低，市场流言就越多，有时一个谣言就能引发相关债权人对该公司的信任骤失，最后甚至间接害死了一家公司。为了避免市场出现不实的谣言中伤公司，最好的处理方式就是每一家公司都应该具备适度安全的偿债能力。以下两个指标，就能看出一家公司的偿债能力。

- Ⓔ1 **流动比率：**“你欠我的，能还吗？”这个数值最好大于300%，否则我们要进一步观察三个指标，再做最后的综合判断：Ⓐ2公司手上的现金多不多？Ⓑ3应收账款的收现日数是否比业界平均要少？Ⓑ2商品的在库天数会不会太长？
- Ⓔ2 **速动比率：**“你欠我的，能速速还吗？”这一项数值最好大于150%。它主要是用来弥补Ⓔ1流动比率的不足，扣除流动资产当中“不会动”的资产，确认公司有“速速还”的能力，而不是靠着存货、预付费用等不太容易变现的资产项目来美化报表（让投资人以为公司还有很多值钱的流动资产，问题是那些存货可能根本卖不出去或预付费用已经给了第三方，虽然账面上属于公司的资产，但根本无法拿出来使用，所以这2个流动资产科目属于“不会动”的流动资产）。

速动比率不够好的公司，也可以再交叉观察其他三个指标来做最后的综合判断：

Ⓐ2 公司手上的现金与约当现金占产资产的比率是否大于 10%？现金越多，越有承受短期负债还款危机的本事。

Ⓑ3 平均收现日数是否小于 15 天？如果现金不足，公司最好是属于天天收现金的行业，确保公司天天有钱进来；万一突然出现债权人来讨债，也不会没有现金处理偿债的事情。

Ⓑ1 总资产周转率是否大于 1？如果这个指标小于 1，代表公司属于资本密集（烧钱）的行业。如果一家公司没现金，收钱的速度慢，又是经营烧钱的行业，用常识判断都能知道投资它实在太危险了。

好投资是“买企业”，不是“买股票”

在股市投资理论中，有一个 Beta 值，这是华尔街用来衡量风险的指标之一。

一家公司的股价波动越大，Beta 值越高，代表投资该公司的风险大。同理，当一家公司的股价波动越小，Beta 值越低，代表投资这家公司的风险小。

但是，如果有一家公司，它的财务报表表现相当亮丽，却因为其他外在因素，导致大盘恐慌性下跌，股价从 100 元狂跌到 50 元。

假设该公司的前景与公司经营状况一如往常，没有重大变化，而且该公司的客户群平均分散在不同的行业，不像一般的科技业公司，常面临重要客户突然转单的大风险（例如苹果公司突然转单，某些上市公司的营收与获利能力便会严重受损）。另外，该公司每年的获利状况稳定，近五年的 EPS 平均为 5 元，且每年稳定配息 3 元。

如果依照华尔街对 Beta 值的认知，该公司股价波动过大，所以投资风险非常大！但以上述的信息来看，其实这家公司是非常值得投资的对象，因为您每年的投资报酬率将高达 6%（3÷50 = 6%）。

所以，真正的风险应该重新定义，而不是依照华尔街所谓的 Beta 值。

真正的“风险”定义是“你受伤的概率”！

投资之后，你会受伤的概率很高，那就是“高风险”；你受伤的概率很低，就叫“低风险”。

现在您已经学会财报分析的关键技巧了，所以投资股票的观念也应该升级为“买企业，而不是买股票”。

在股市获利通常有两种情况：“资本利得”与“股息股利”。

如果您是为了赚价差（以资本利得为目的）而去投资某只股票，以概率学的观点来看，股价上涨、持平与下跌的概率各为 1/3。假设您的运气非常好，加上眼光独到，该公司的股价果真涨了，您还得面对一个问题：持续再买，还是现在就卖？

所以一般散户赚取价差（资本利得）的成功概率（如图 7-2 所示）会是：

$$\frac{1}{2} \times \frac{1}{3} \times \frac{1}{2} = \frac{1}{12}$$

这就是为什么我们常听到：“10 个散户 9 个输。”

巴菲特也这么说：“在股市预测输家，比预测赢家容易多了。”

如果您投资的观念，升级为“买企业，而不是买股票”，您的思考模式应该会是这样：我该买什么企业，才能帮我稳稳地赚钱，可以供我退休后享受生活？

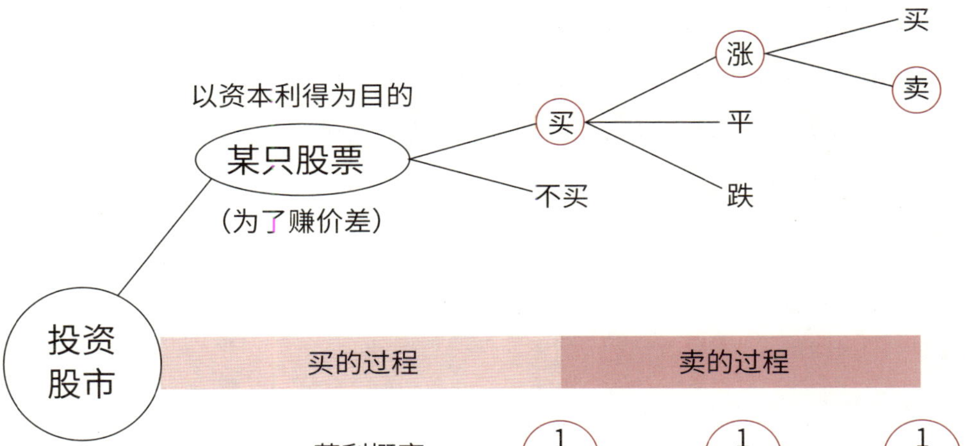

$$= \frac{1}{2} \times \frac{1}{3} \times \frac{1}{2} = \frac{1}{12}$$

图 7-2　投资股市赚钱的流程与概率

您的投资方式将会变成：从财务报表中找出还没有被其他投资人发现的原矿（价值被低估且价格很低），而不是被动、一窝蜂地去追求在市场上已经被炒作追捧的钻石（价格很贵）。

您应该要花更多心力去思考与学习：那些不论经济好坏都能持续赚钱的好公司，他们的财务报表有没有什么共通性呢？当您找出其中的共通性，也许就找到属于自己的投资致富密码了。

这些好公司在财务报表方面的共通性可能是：

1. 公司经营保守稳健，手中留有很多现金。（现金流量：比气长，越长越好）

2. 应收账款与存货的管理非常优秀，做生意的完整周期又比业界其他竞争者要短。（经营能力：翻台率，越高越好）

3. 这是不是一门好生意？有没有赚钱的真本事？经营安全边际率高不高？

是不是有持续提高研发能力以维持高毛利率？股东权益报酬率好不好？（获利能力：这是不是一门好生意？越高越好）

4. 这家公司会不会过度使用财务杠杆？资金来源有没有发生“以短支长”的致命错误？（财务结构：那根棒子，棒子的位置越高越好）

5. 这家公司短期的运营资金充足吗？对外欠的短期负债有偿还能力吗？（偿债能力：你欠我的，能还吗？还越多越好）

我们回到刚才那家股价由 100 元跌至 50 元的公司。依照传统华尔街的 Beta 值说法，这是一只高风险的股票。但根据之前的假设，您知道这家公司的内部营运状况并没有发生重大变化，股价下跌纯粹是因为市场不理性的恐慌，这个时候您进场投资受伤的概率很小，所以应该视其为“低风险”。

在投资理财过程中，您就是自己人生中最重要的“风险控制人”。保持“买企业，而不是买股票”的投资理念，将会为您带来双重利润（如图 7-3 所示）：

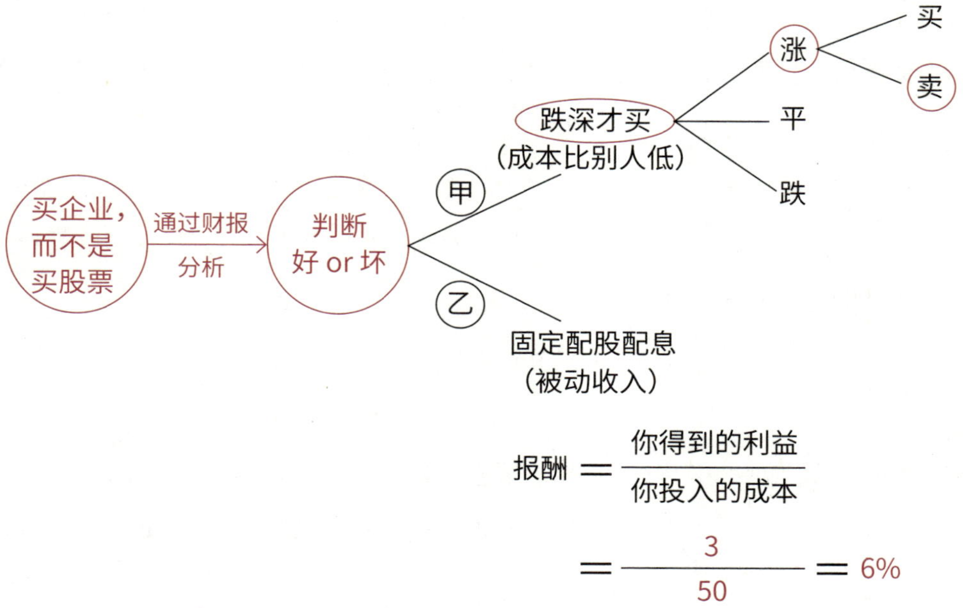

图 7-3　正确投资理念带来的双重利润

㊙ **资本利得**：通过阅读财务报表，选出好公司，然后在它股价被错杀、跌深之后才买入。您的持股成本会比别人低，加上这家公司的状况本来就非常不错，一旦市场回归理性，它股价上涨的概率会比其他烂公司要大，此时您获取资本利得（赚到价差）的概率也会比较大。

㊁ **被动收入**：即使在您投资之后，未来三年股市持续低迷，但因为这家公司的体质优良，您一样每年都能拿到被动收入（固定领取的股息或子股），每年平均报酬率高达 6%（3 ÷ 50 = 6%）。

换句话说，“买企业，而不是买股票”的投资理念可以让您同时拥有资本利得与被动收入的好处，进可攻、退可守。此时您投资这家公司的整体报酬率是：

㊙ + ㊁ = 可能的价差利润 + 6%

这将远远赢过其他赌性十足的投机客，因为投机客只看到㊙所代表的可能价差利润（资本利得）。

股神巴菲特选股技术分析

自 1965 年至今，沃伦·巴菲特每年都会写一封信给全球各地投资伯克希尔·哈撒韦公司的股东。由表 7-1 可以看出，从 1965 年到 2015 年底，股神巴菲特的公司的账面价值平均每年增长 19.2%；该公司市价每年平均增长 20.8%；同期的标准普尔 500 指数（S & P 500），在这一时期则是平均增长 9.7%

乍看之下，两者相差 11% 左右，感觉差异不大，但如果用金额来分析您应该会更有感觉。

假设您在 1965 年，用 1 万元新台币购买伯克希尔·哈撒韦公司的股票，而且在此期间，您都没有卖出。

当初投资的 1 万元新台币，到了 2015 年底，如果按该公司 2015 年底的收盘股价来计算，当初的 1 万元新台币等于今天的 1.598 亿元新台币。即使是用伯克希尔·哈撒韦公司账面的价值（每股净值）来计算，当初的 1 万元新台币，如今价值也高达 7989 万元新台币。

但如果当时您是在标准普尔 500 指数投资了 1 万元新台币，到了 2015 年底，只值 113.5 万元新台币。

这就是在本书第一章与大家分享的观点：善用时间的力量，复利可以创造出奇迹。如能选出好公司，然后长期地投资，人生财务自由就有可能会梦想成真。

所以投资股票前，请务必要阅读财务报表，才能够选出在事业经营上表现不错的好公司。

另外，如果您仔细核对、比较这 51 年来伯克希尔·哈撒韦公司的甲净值增长与丙标准普尔的数据表现之后*，您会发现两件有趣的事情：

1. **风口上，猪也能飞上天：**股市大涨利多的期间，不管是好公司或是烂公司，都是齐涨，只是涨幅大小不同而已。当投资股市成为全民运动，个别股票想不涨都难，所以不管您投资的是好公司或是烂公司，大家的报酬率都会不错。
2. **小亏与大亏的差异：**在这 51 年内，出现许多次经济大幅波动。当经济下滑或萧条时，好公司依然存在，烂公司却从市场上消失了。所以巴菲特才会不断提醒投资大众："投资人要避开买热门股、烂公司，也不要预测股市高低点。"

* 笔者不选乙股价的数据，主要是影响股价的原因非常多，包含了投资大众的预期心理等因素，故采用该公司甲净值的数据进行比较。

表 7-1　伯克希尔·哈撒韦公司各年度经营表现

Berkshire's Performance vs the S&P 500

Year	甲 in Per-Share Book Value of Berkshire	乙 in Per-Share Market Value of Berkshire	丙 in S&P 500 with Dividends Included	
	Annual Percentage Change			
1965	23.8	49.5	10.0	
1966	20.3	(3.4)	(11.7)	1
1967	11.0	13.3	30.9	
1968	19.0	77.8	11.0	
1969	16.2	19.4	(8.4)	2
1970	12.0	(4.6)	3.9	
1971	16.4	80.5	14.6	
1972	21.7	8.1	18.9	
1973	4.7	(2.5)	(14.8)	3
1974	5.5	(48.7)	(26.4)	4
1975	21.9	2.5	37.2	
1976	59.3	129.3	23.6	
1977	31.9	46.8	(7.4)	5
1978	24.0	14.5	6.4	
1979	35.7	102.5	18.2	
1980	19.3	32.8	32.3	
1981	31.4	31.8	(5.0)	6
1982	40.0	38.4	21.4	
1983	32.3	69.0	22.4	
1984	13.6	(2.7)	6.1	
1985	48.2	93.7	31.6	
1986	26.1	14.2	18.6	
1987	19.5	4.6	5.1	
1988	20.1	59.3	16.6	
1989	44.4	84.6	31.7	
1990	7.4	(23.1)	(3.1)	7
1991	39.6	35.6	30.5	
1992	20.3	29.8	7.6	
1993	14.3	38.9	10.1	
1994	13.9	25.0	1.3	
1995	43.1	57.4	37.6	
1996	31.8	6.2	23.0	
1997	34.1	34.9	33.4	
1998	48.3	52.2	28.6	
1999	0.5	(19.9)	21.0	
2000	6.5	26.6	(9.1)	8
2001	(6.2)	6.5	(11.9)	9
2002	10.0	(3.8)	(22.1)	10
2003	21.0	15.8	28.7	
2004	10.5	4.3	10.9	
2005	6.4	0.8	4.9	
2006	18.4	24.1	15.8	
2007	11.0	28.7	5.5	
2008	(9.6)	(31.8)	(37.0)	11
2009	19.8	2.7	26.5	
2010	13.0	21.4	15.1	
2011	4.6	(4.7)	2.1	
2012	14.4	16.8	16.0	
2013	18.2	32.7	32.4	
2014	8.3	27.0	13.7	
2015	6.4	(12.5)	1.4	
Compounded Annual Gain – 1965-2015	19.2%	20.8%	9.7%	
Overall Gain – 1964-2015	798,981%	1,598,284%	11,355%	

资料来源：http://www.berkshirehathaway.com/letters/2015ltr.pdf.

笔者在表 7-2 中整理出 11 个标准普尔 500 指数呈现负增长的年度，拿来跟伯克希尔·哈撒韦公司当年度的甲净值变化作比较。

我们可以看出在这 11 个年份有重大经济波动，导致标准普尔 500 指数大跌，而伯克希尔·哈撒韦公司的净值却是大幅增长，或是仅有小幅下跌。每次经济波动一来一往之间，平均差异达 25%。

在经济下滑期间，获利还能够持续增长或跌得比别人少，这才是股神巴菲特致富的真正秘诀。

表 7-2 伯克希尔·哈撒韦公司在 11 个特殊年份标准普尔 500 指数的变化

年度	甲 伯克希尔·哈撒韦公司每股净值变化（%）	丙 标准普尔 500 指数股价变化（%）	两者差异（%） 甲 − 丙
① 1996 年	20.3	（11.7）	32
② 1969 年	16.2	（8.4）	24.6
③ 1973 年	4.7	（14.8）	19.5
④ 1974 年	5.5	（26.4）	31.9
⑤ 1977 年	31.9	（7.4）	39.3
⑥ 1981 年	31.4	（5.0）	36.4
⑦ 1990 年	7.4	（3.1）	10.5
⑧ 2000 年	6.5	（9.1）	15.6
⑨ 2001 年	（6.2）	（11.9）	5.7
⑩ 2002 年	10.0	（22.1）	32.1
⑪ 2008 年	（9.6）	（37.0）	27.4

※ 丙栏目已将各公司股利分派计算在内。

●巴菲特金句“中翻中”

退潮之后，才知道谁在裸泳。

裸泳 = 身无分文 = 您投资的公司不见了 = 不小心投资了烂公司 = 血本无归。

投资这一行有个好处，成功不需要靠很多很多次交易。

甲 = 很多次交易
乙 = 不用很多次交易

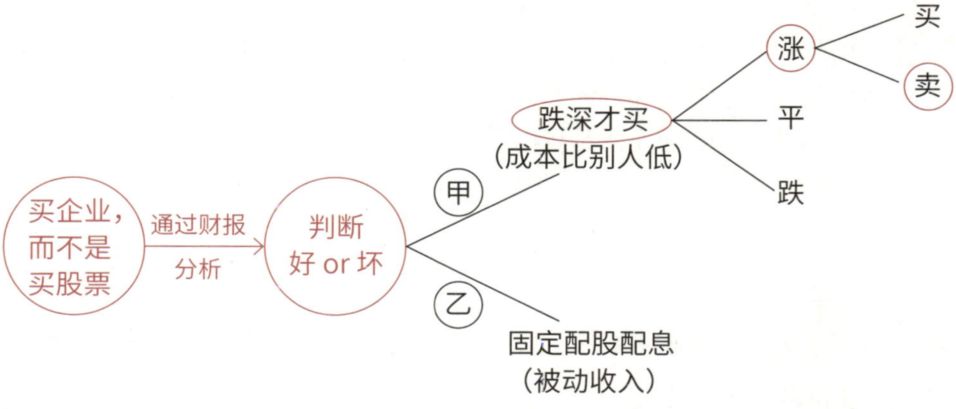

$$报酬 = \frac{你得到的利益}{你投入的成本} = \frac{3}{50} = 6\%$$

图 7-4　正确投资理念带来的双重利润

你得等到 3 坏球、0 好球的时机才出手。

等待大事发生，当所有人都绝望时，带着我们准备的现金，优雅入市即可。

投资的关键是推断特定公司的竞争优势，更重要的是其能维持那项优势多久。

这是不是一门好生意？有没有长期稳定的获利能力？

真正的投资人欢迎价格波动，因为股市震荡剧烈，代表体质好的企业的股价时不时会遭到不理性杀低。

要瞄准捡便宜的好时机，也就是说：能不能获利，在您买股票的时候就决定了（因为你买的够低），而不是卖的时候才决定。价格涨跌不是我们能决定的，但价格高时忍住不买，等待大事发生，股价下跌，再进场低价买入，却是每个人都可以自主决定的。资本利得与被动收入，您会选择哪一个？

我们伯克希尔·哈撒韦只关注个别公司的价值，对于股市整体的价格并不太在乎。

巴菲特不重视资本利得，他看重的是一家公司是否具有长期稳定的获利能力，这才是公司真正创造价值的能力。

一家没有负债且能提供 12%报酬率的公司，绝对优于报酬率相等但负债沉重的公司。

看那根棒子的高低，就知道 A 公司绝对优于 B 公司。

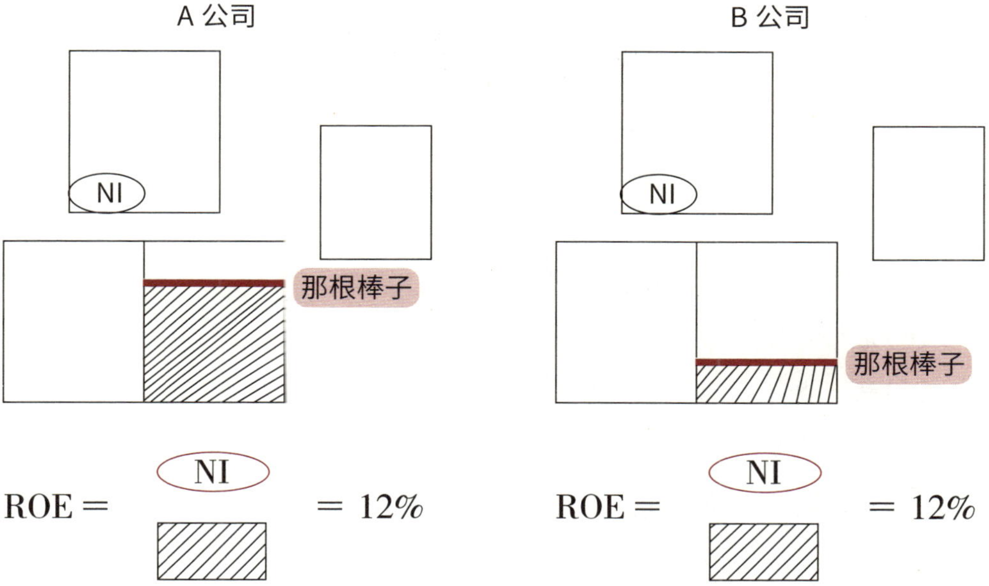

图 7-5 “那根棒子”

别人恐惧时，你要赶紧贪婪。

1987 年发生“黑色星期一”事件，股市崩盘重创可口可乐，于是巴菲特在 1988 年、1989 年这两年趁机大捡便宜。到 1994 年，巴菲特累积了整整 4 亿股可口可乐公司的股票。

我们读数据——就这样。

各位读者，您投资随便一出手就是几十万元，请问投资决策的第一步应该是什么？请效仿巴菲特，读数据（财务报表）——就这样。选出好公司，避开烂公司！

股市投资致富方程式

还记得财报分析的立体阅读顺序吗？

Ⓐ 现金流量 = 比气长，越长越好。
Ⓑ 经营能力 = 翻台率，越高越好。
Ⓒ 获利能力 = 这是不是一门好生意？越高越好。
Ⓓ 财务结构 = 那根棒子，棒子的位置越高越好。
Ⓔ 偿债能力 = 你欠我的，能还吗？还越多越好。

这就是股市投资的致富方程式。希望通过本书，能让大家对如何通过财务报表判断一家公司的好或坏有深刻的认知，再加上大家的实际经验与常识判断，笔者十分确定，大家一定可以建立属于您自己的股市投资致富方程式。